Senen Francois Xavier

Procedimentos de conciliação no processo civil moderno

Senen Francois Xavier

Procedimentos de conciliação no processo civil moderno

ScienciaScripts

Imprint

Any brand names and product names mentioned in this book are subject to trademark, brand or patent protection and are trademarks or registered trademarks of their respective holders. The use of brand names, product names, common names, trade names, product descriptions etc. even without a particular marking in this work is in no way to be construed to mean that such names may be regarded as unrestricted in respect of trademark and brand protection legislation and could thus be used by anyone.

Cover image: www.ingimage.com

This book is a translation from the original published under ISBN 978-620-2-06554-2.

Publisher:
Sciencia Scripts
is a trademark of
Dodo Books Indian Ocean Ltd. and OmniScriptum S.R.L publishing group

120 High Road, East Finchley, London, N2 9ED, United Kingdom
Str. Armeneasca 28/1, office 1, Chisinau MD-2012, Republic of Moldova, Europe
Printed at: see last page
ISBN: 978-620-7-85817-0

Índice

Relação entre os procedimentos de mediação e de arbitragem no âmbito da nova legislação russa.

Nos últimos anos, as questões relativas aos modos alternativos de resolução de litígios deixaram de ser apenas objeto de investigação doutrinal e suscitam um interesse especial por parte dos legisladores, o que constitui, sem dúvida, um ponto de partida positivo para a sua introdução e desenvolvimento, tanto na prática internacional em geral como na sociedade russa em particular. O procedimento de mediação é o que merece maior atenção. Este facto não é acidental, uma vez que este procedimento é reconhecido como uma das formas eficazes de resolução de conflitos no mundo.

[1]Ao contrário da arbitragem, que na Rússia é regulada por leis diferentes consoante os litígios a resolver (arbitragem interna ou arbitragem comercial internacional), a regulamentação jurídica do procedimento de mediação baseia-se na Lei Federal de 27.07.2010 N 193-FZ "Sobre o procedimento alternativo de resolução de litígios com a participação de um mediador"   (procedimento de mediação), cujo efeito é o seguinte

aplica-se tanto aos litígios comerciais nacionais como aos internacionais. Assim, em conformidade com a parte 2 do artigo 1.º da lei sobre a mediação, os litígios que surgem no âmbito da realização de actividades empresariais e de outras actividades económicas são designados como litígios abrangidos pela referida lei. Estes são os mesmos litígios que estão sujeitos à jurisdição dos tribunais de arbitragem, em conformidade com a parte 1 do artigo 27º do RF APC. Por conseguinte, parece justificada a conclusão de E.I. Nosyreva de que a mediação e a arbitragem, sendo formas independentes de resolução de conflitos, podem ser consideradas como procedimentos concorrentes. De acordo com o cientista, quando as partes pretendem resolver o seu litígio sem considerar o caso quanto ao mérito, escolhem a mediação ou a arbitragem. [2]E, consequentemente, o sucesso de um desses procedimentos geralmente torna

---

1 Sobr. zakonodatelstvo RF. 2010. № 31. Art. 4162. A seguir - Lei sobre a mediação.
2 Davydenko D.L.Commonality between conciliation procedures and arbitration court// Desenvolvimento da mediação na Rússia: teoria, prática, educação: Coleção de artigos / editado por E.I.Nosyreva, D.G.Filchenko.M.: Infotropic Media, 2012. C.193

desnecessário o recurso aos demais" .

[3]No entanto, como refere o jurista que desenvolve a questão, a mediação e a arbitragem podem coexistir "pacificamente", não competindo, mas, pelo contrário, complementando-se . A comprová-lo está o facto de, hoje em dia, as organizações com instituições permanentes de arbitragem - os tribunais - oferecerem a mediação. Para além disso, a mediação e a arbitragem podem ser utilizadas sequencialmente, permitindo às partes diversificar o âmbito da resolução de litígios entre si. Isto reflecte-se na chamada cláusula multinível, que é conhecida especialmente na prática internacional, mas também é permitida na prática nacional. A essência de uma cláusula multinível consiste no facto de as partes se terem comprometido previamente a recorrer, por exemplo, à mediação para resolver um litígio, caso este surja. No entanto, quando o litígio surge, as partes pretendem recorrer à arbitragem. Por outras palavras, as partes, ou uma delas, não pretendem recorrer à cláusula de mediação, mas simplesmente querem ir para a arbitragem ou para um tribunal para decidir o mérito do litígio.

Coloca-se a questão de saber como é que um tribunal judicial ou arbitral deve lidar com esta situação. A arbitragem é possível se as partes tiverem uma cláusula de mediação, ou as partes têm ainda de utilizar a cláusula de mediação antes de recorrerem à arbitragem? Esta questão reveste-se de grande importância prática, tanto mais que a lei contém uma disposição que parece ser contraditória.

Assim, a Lei relativa à mediação (n.º 1 do artigo 4.º) estabelece que, se as partes tiverem celebrado um acordo sobre a aplicação do procedimento de mediação e, no prazo acordado, se tiverem comprometido a não recorrer a um tribunal judicial ou arbitral para a resolução de um litígio que tenha surgido ou possa surgir entre as partes, o tribunal judicial ou arbitral reconhecerá a validade desta obrigação até que as condições da mesma estejam preenchidas, exceto no caso de uma das partes necessitar, na sua opinião, de proteger os seus direitos. Simultaneamente, a parte 3 do artigo 7.º da

---

3 . Nosyreva E. I. Mediação e arbitragem comercial internacional: possibilidades de interação ao abrigo da legislação russa / Coleção de artigos para o 80º aniversário do Tribunal de Arbitragem Comercial Internacional da Câmara de Comércio e Indústria da Federação Russa / Editado por A. A. Kostin. Moscovo: Estatuto, 2012. p 305

referida lei contém uma disposição que estabelece que a existência de um acordo sobre a aplicação do procedimento de mediação, bem como a existência de um acordo sobre a condução do procedimento de mediação e a respectiva condução direta deste procedimento, não constitui um obstáculo ao recurso a um tribunal judicial ou arbitral, salvo disposição em contrário da lei federal. A este respeito, o ponto de vista de E.I. Nosyreva parece responder bem à questão. A autora observa que a existência de uma cláusula de mediação não priva uma parte do direito de recorrer à arbitragem. Ao mesmo tempo, na sua justa opinião, o conteúdo da cláusula de mediação não é importante.[4] Na sua argumentação, E.I. Nosyreva salienta que a peculiaridade de uma cláusula de mediação é o facto de só poder ser executada por ambas as partes: o procedimento de mediação baseia-se na voluntariedade das partes e só pode ser iniciado com o consentimento de ambas as partes.

Parece que esse consentimento é expresso na celebração de uma convenção de mediação, que constitui o momento determinante para o início do procedimento de mediação. Contrariamente à convenção de mediação, que é essencialmente uma mera antecipação de uma opção de resolução de litígios em caso de ocorrência, a convenção de mediação é já uma expressão da vontade de ambas as partes de iniciar o procedimento. Assim, pode dizer-se que um acordo de mediação só faz sentido na presença de um acordo de mediação. Este último reflecte o acordo mútuo das partes em recorrer a um mediador para resolver o seu litígio.

Como é do vosso conhecimento, em 1 de setembro de 2016, entrará em vigor a Lei Federal de 29.12.2015 N 382-FZ "Sobre a arbitragem (processos de arbitragem) na Federação da Rússia". Esta lei contém um capítulo que prevê a correlação entre os procedimentos de mediação e de arbitragem (capítulo 10). A parte 1 do artigo 49.º da lei estabelece que a mediação é permitida em qualquer fase da arbitragem. No entanto, não especifica em que fases do processo de arbitragem a mediação pode ser aplicada.

Parece que a lei sobre a mediação, que na parte 2 do artigo 4.º prevê que, se um litígio

---

4 Ver Nosyreva E. I. Mediação e arbitragem comercial internacional: possibilidades de interação ao abrigo da legislação russa / Coletânea de artigos para o 80.º aniversário do Tribunal de Arbitragem Comercial Internacional da Câmara de Comércio e Indústria da Federação Russa / Editado por A. A. Kostin. Moscovo: Estatuto, 2012. p

for submetido a um tribunal judicial ou a um tribunal arbitral, as partes podem aplicar o procedimento de mediação em qualquer altura antes de a decisão sobre o litígio ser tomada pelo tribunal judicial ou pelo tribunal arbitral competente. Esta disposição vai ao encontro das realidades e necessidades da sociedade moderna, uma vez que o objetivo de proteger os direitos e interesses legítimos dos participantes num litígio civil é hoje alcançado não só através da apreciação e da emissão de uma decisão vinculativa para as partes, mas também através da celebração pelas próprias partes em litígio de um acordo mutuamente vantajoso. Aliás, este último método é reconhecido como o mais eficaz de todos os meios de resolução de litígios. Com efeito, "se o titular de um determinado direito civil pode dispor livremente dele antes e fora do processo, se pode recusá-lo de forma absoluta, não há razão para o privar da mesma liberdade de dispor dos seus direitos durante o processo"[5]

[6]Importa esclarecer que a aplicação do procedimento de mediação não se deve limitar ao momento em que a decisão é tomada; pode também ser aplicado depois de o tribunal arbitral ter tomado uma decisão sobre o caso, ou seja, na fase do processo de execução. Mas, nesta fase da sua aplicação, devem ser tidas em conta algumas particularidades, que parecem dever-se ao regime especial desta fase do processo arbitral. De facto, a convenção amigável é aqui celebrada sobre um litígio já resolvido pelo tribunal. Como tais características podem ser designadas: em primeiro lugar, o facto de a submissão para homologação de uma transação amigável celebrada na fase do processo de execução ser feita com base no princípio da dispositividade, que consiste na possibilidade de as partes recorrerem tanto ao tribunal arbitral de primeira instância do local de execução do ato judicial, como ao tribunal arbitral que adoptou o ato judicial (parte 1 do artigo 141.º do CPPT RF). Em segundo lugar, ao homologar uma transação celebrada na fase do processo de execução, o tribunal não deve anular o ato judicial anteriormente adotado, como acontece quando as partes chegam a uma transação noutras fases de recurso, de cassação e de fiscalização. Aqui a única e suficiente

---

5 Vaskovsky E.V. Textbook of Civil Procedure (Manual de Processo Civil). Ed. 2. M., 1917; Livro didático de processo civil. C. 58 - 59.
6 Ver Resolução do Presidium do HAC RF de 7 de junho de 2012 № 16434/11//Vestnik HAC RF.2012.№ 10.p.312- 315.

atuação do tribunal é a inclusão na sentença de homologação da transação amigável da indicação de que este ato judicial não está sujeito a execução (n.º 7 da parte 7 do artigo 141.º do CPA). E, finalmente, em terceiro lugar, a celebração de um acordo de transação na fase do processo de execução é admissível em relação à totalidade do crédito adjudicado, não sendo permitida a sua celebração em relação a uma determinada parte do crédito, como é possível no caso da celebração de um acordo de transação no processo.

Em nossa opinião, a celebração de um acordo de transação relativamente a uma parte de um crédito em processo de execução pode complicar a execução da parte restante, uma vez que exigiria a aplicação de outro método de proteção dos direitos. Se esse método for judicial, coloca-se a questão de saber se não se trata de uma apreciação repetida do caso pela mesma instância. Assim, parece justificar-se a inadmissibilidade da celebração de um acordo de transação relativamente a uma parte dos pedidos da ação no caso de o tribunal já ter proferido uma decisão (na fase do processo de execução). No entanto, em nossa opinião, se se chegar a uma ação de natureza dispositiva relativamente à parte restante dos pedidos (renúncia do autor a esses pedidos ou reconhecimento dos mesmos pelo réu), a celebração desse acordo deve ser reconhecida.

[7]Como refere T.V. Zhukova, a celebração de um acordo amigável no processo de execução de um ato judicial tem por objetivo recusar a coação do Estado ou pôr termo à execução forçada, se tal procedimento tiver sido iniciado. [8]O autor citado considera que a principal razão que leva as partes num processo de execução a celebrarem uma transação amigável não é, ao contrário do que sucede no processo judicial, a discutibilidade do direito, mas certas dúvidas sobre a possibilidade de levar a cabo a execução na íntegra. Esta opinião parece ser correcta e corresponde à situação atual.

A importância da possibilidade de recorrer a procedimentos de mediação na fase do processo de execução deve-se também ao facto de a execução de sentenças obrigatórias

---

7 Zhukova T.V. O acordo de compensação no processo de execução como concretização do princípio do carácter decisório // Prática de arbitragem. 2005. N 8. C. 83
8 Rozhkova M.A. Conceitos básicos do direito processual da arbitragem. M.: Estatuto, 2003. C. 184.

pela parte vencida causar normalmente problemas: de acordo com as estatísticas, o nível de execução das decisões judiciais nos tribunais de competência geral do país é de apenas 45%. Não é de excluir que tais problemas possam também surgir na execução de uma decisão de um tribunal arbitral, uma vez que esta é tão vinculativa como uma decisão judicial. Por conseguinte, é sempre adequado e conveniente permitir que os participantes num litígio civil exerçam o direito de resolver o litígio por si próprios, uma vez que tal evita os problemas de não execução das decisões.

[9]No seu estudo sobre a questão do acordo de credores no âmbito de um processo de execução, A. H. Ageev conclui que, no caso da celebração de um acordo de credores no âmbito de um processo de execução, a vontade dos seus participantes (o requerente e o devedor) tem prioridade sobre a ordem do tribunal, que tem poder de lei, contida na decisão judicial. Com efeito, ao celebrarem uma transação em processo de execução, as partes adquirem o direito de alterar, por sua vontade, a decisão judicial que entrou em vigor, o que nem o próprio tribunal, que se pronunciou sobre a causa, pode fazer (devido à propriedade de imutabilidade da decisão decorrente do seu carácter vinculativo), salvo nos casos expressamente previstos de complementação e clarificação da decisão e de eliminação de erros aritméticos evidentes. Em regra, esta possibilidade constitui uma exceção à regra da execução obrigatória em todo o território da Federação Russa dos actos judiciais que entraram em vigor.

Outro ponto que requer especial atenção é a possibilidade de combinar os poderes de um árbitro e de um mediador numa só pessoa. Esta questão tem sido objeto de um longo debate na literatura. O facto é que os procedimentos de mediação e de arbitragem são diferentes na sua essência, embora tenham muito em comum. A sua diferença fundamental reside nas funções e nos poderes do terceiro. Assim, se, por exemplo, um árbitro examina as provas, avalia a validade das posições das partes do ponto de vista do direito e toma uma decisão vinculativa para as partes, um mediador desempenha uma função completamente diferente. Regra geral, o seu papel consiste em facilitar a convergência das posições das partes, criar condições favoráveis para que as próprias

---

9 Ageev A.H. Natureza jurídica do acordo amigável no processo de execução/Arbitragem e Processo Civil, n.º 12, 2003
C

partes cheguem a uma solução mutuamente vantajosa. O mediador ajuda as partes a compreenderem-se mutuamente e, nalguns casos, a identificarem várias opções para a resolução de litígios em termos aceitáveis para todas as partes.

Além disso, o procedimento de arbitragem baseia-se no princípio do contraditório, enquanto o procedimento de mediação é conciliatório. Por conseguinte, a questão da possibilidade de combinar as funções de árbitro e de mediador numa única pessoa tem lugar e reveste-se de grande importância prática, uma vez que permite aos participantes em relações litigiosas escolher o método mais adequado de resolução de litígios sem violar a essência de cada um deles, uma vez que funcionam de forma independente.

A prática mundial demonstra que, regra geral, é impossível combinar os poderes de um árbitro e de um mediador. A exceção é quando as partes acordam mutuamente em autorizar o mediador a agir como árbitro. Esta disposição, por exemplo, está expressamente consagrada na Lei Modelo da UNCITRAL sobre Conciliação Comercial Internacional. A lei prevê que "salvo acordo em contrário das partes, o mediador não actuará como árbitro num litígio que tenha sido ou seja objeto de conciliação ou noutro litígio decorrente do mesmo contrato ou relação jurídica ou de qualquer contrato ou relação jurídica conexa". Daqui decorre que só é possível combinar os poderes de mediador e de árbitro numa única pessoa por acordo das partes.

Além disso, a combinação dos poderes de mediador e de árbitro numa única pessoa é possível no âmbito dos procedimentos combinados. Os procedimentos combinados devem ser entendidos como "a combinação, em diferentes variantes, de certas características dos principais meios alternativos - negociação, mediação, arbitragem".[10] Um dos procedimentos combinados é o procedimento denominado "mediação-arbitragem" ("med-arb"). A particularidade deste procedimento consiste no facto de o árbitro atuar primeiro como mediador entre as partes, facilitando a convergência das suas posições e a obtenção de uma solução mutuamente vantajosa. Só se as partes não conseguirem chegar a um acordo é que o mediador muda de papel e passa a desempenhar as funções de árbitro, adquirindo o direito de tomar uma decisão sobre o

---

10 Nosyreva E.I.Alternative dispute resolution in the USA.-M., JSC "Publishing House "Gorodets", 2005.-C 123.

litígio que vincula as partes. Uma condição importante neste caso é que as partes autorizem o mediador a atuar como árbitro.

Também é possível combinar as funções de mediador e de árbitro numa só pessoa, num procedimento combinado como a Arb-mediation, em que um terceiro independente, actuando como árbitro, profere uma sentença, mas só a anuncia às partes quando a tentativa de conciliação do mediador tiver falhado. Pela sua própria natureza, uma sentença proferida mas ainda não anunciada não é executória, mas adquire "o estatuto de uma sentença arbitral de pleno direito, executória nos termos gerais existentes para as sentenças arbitrais depois de ter sido anunciada às partes".[11] Se as partes chegarem a um acordo, a sentença anterior não é comunicada às partes e, por conseguinte, não tem força executória. A vantagem deste procedimento reside no facto de, em primeiro lugar, pressupor soluções acordadas, mas, ao mesmo tempo, evitar a perda de tempo em caso de insucesso da conciliação das partes, uma vez que lhes é imediatamente comunicada uma decisão pronta e vinculativa.

[12]É de notar que o procedimento de combinação de vários métodos - ADR - foi criticado e não é universalmente aceite. Existe uma opinião generalizada de que as informações que um mediador adquire comprometem a sua posição de árbitro. [13] Considera-se igualmente que a atribuição de poderes de árbitro a um mediador que recebeu informações confidenciais das partes durante as suas reuniões separadas com cada uma delas, nas quais a outra parte estava ausente, contradiz um princípio da arbitragem como o direito de cada parte a ouvir a posição da outra parte. No entanto, em nossa opinião, é por isso que a questão da combinação das funções de mediador e de árbitro deve ser decidida pelas próprias partes. Além disso, mesmo uma pessoa com um conflito de interesses pode atuar como árbitro, desde que as partes tenham conhecimento desse facto mas não se oponham ao seu estatuto de árbitro.

A utilização da mediação no decurso de um processo de arbitragem levanta igualmente

---

11 Davydenko D.L. Correlação da arbitragem comercial internacional com outras formas alternativas de resolução de litígios comerciais internacionais / Bulletin of International Commercial Arbitration, 2013, N 1 p 8
12 ADR significa Resolução Alternativa de Litígios, de ADR (Alternative Dispute Resolution).
13 Ibid. p. 26

uma questão de calendário. Em conformidade com a parte 4 do artigo 49.º da Lei Federal "Sobre a Arbitragem (Processos de Arbitragem) na Federação Russa", o prazo do procedimento de mediação é estabelecido por acordo das partes na arbitragem, em conformidade com o procedimento estabelecido pela lei sobre a mediação, e é especificado na decisão do tribunal arbitral. Neste caso, a apreciação do litígio é adiada durante este período. De acordo com a lei da mediação (Parte 3, artigo 13.º), o prazo do procedimento de mediação não pode exceder cento e oitenta dias, com exceção do prazo do procedimento de mediação após a apresentação do litígio ao tribunal judicial ou arbitral, que não pode exceder sessenta dias. Daqui resulta que, após a apresentação do caso ao tribunal arbitral, o prazo para a mediação é consideravelmente limitado, não existindo casos excepcionais em que o prazo de mediação possa ser prorrogado por qualquer motivo. Em qualquer caso, findo o prazo (sessenta dias), o procedimento de mediação é encerrado e o processo de arbitragem prossegue.

Tendo em conta que existem casos excepcionais de procedimentos de mediação conduzidos antes de o litígio ser submetido a um tribunal judicial ou arbitral, em que a duração do procedimento pode ser prolongada, nomeadamente devido à complexidade do litígio a resolver, à necessidade de obter informações ou documentos adicionais, coloca-se a questão de saber se as mesmas dificuldades podem surgir depois de o litígio ser submetido a um tribunal judicial ou arbitral.

Na nossa opinião, esta abordagem não corresponde à situação atual e coloca em posição inferior os procedimentos baseados no acordo das partes, o que contradiz a tendência mundial moderna de desenvolvimento do direito processual. Com efeito, uma vez que as partes em litígio se encontram numa situação de tensão, o processo de conciliação pode demorar bastante tempo a ser iniciado. O prazo fixado pode expirar antes de as partes chegarem ao resultado do processo de conciliação. Por conseguinte, afigura-se adequado conferir aos juízes o poder discricionário de alargar o prazo para permitir às partes pôr termo ao litígio de forma amigável. Para o efeito, o tribunal deve ter em conta o grau de probabilidade de as partes chegarem a um resultado favorável. No entanto, no caso de um acordo amigável, tal excluiria o recurso contra a sentença e, por conseguinte, evitaria o ónus dos tribunais de segunda instância, onde a sentença poderia ser objeto de recurso.

A este respeito, Nosyreva E.I. observa, com razão, que "mesmo no caso dos tribunais de arbitragem, incluindo a arbitragem comercial internacional, que são mais formais do que a mediação, os termos do processo não são estabelecidos por lei. [14]São previstos pelas regras da arbitragem institucional ou por acordo das partes" . Na opinião do académico, o mesmo método deve ser aplicado à calendarização da mediação, independentemente de esta ter lugar antes ou durante o processo arbitral. Caso contrário, a fixação do prazo de sessenta dias para os procedimentos de mediação não é favorável à introdução e ao desenvolvimento dos procedimentos de mediação, pois pode conduzir a uma situação em que o procedimento é encerrado quando as partes quase alcançaram resultados positivos, mas, devido a algumas circunstâncias, precisam de mais tempo para concluir o procedimento.

14 Nosyreva E. I. Mediação e arbitragem comercial internacional: possibilidades de interação ao abrigo da legislação russa / Coleção de artigos para o 80º aniversário do Tribunal de Arbitragem Comercial Internacional da Câmara de Comércio e Indústria da Federação Russa / Editado por A. A. Kostin. Moscovo: Estatuto, 2012. p

A mediação judicial como instrumento eficaz para o tribunal realizar a tarefa de reconciliação das partes.

O autor do artigo analisa as questões relativas à aplicação da mediação judicial pelo tribunal na execução da tarefa de reconciliação das partes em processos civis.

Palavras-chave: Mediação judicial, conciliação, processos judiciais, procedimentos de conciliação.

O autor do artigo discute questões relacionadas com a aplicação da mediação judicial pelo tribunal na execução da sua tarefa de conciliação das partes em processos civis.

Palavras-chave: mediação judicial, conciliação, transação judicial.

Nos últimos anos, tanto no estrangeiro como na Federação Russa, generalizou-se a ideia de que a justiça não tem apenas a função de resolver litígios através da aplicação absoluta de normas jurídicas, mas também uma função social, que dá às partes em litígio uma oportunidade de pôr termo ao conflito através da reconciliação. Esta função é discutida já em Platão: "É necessário que aqueles que têm pretensões uns contra os outros encontrem, em primeiro lugar, os seus vizinhos, amigos e aqueles que conhecem as acções que constituem o objeto do litígio. O recurso ao tribunal só deve ser feito se não se tiver obtido dessas pessoas uma sentença que resolva corretamente o litígio" [1].

Voltaire também estava convencido da importância de tentar aproximar as partes antes de ir a tribunal. Numa carta escrita em 1739, felicitava a criação dos pacificadores na Holanda, afirmando: "a melhor lei, o mais excelente costume, o mais útil que já vi na Holanda, é que quando duas pessoas querem processar-se mutuamente, devem primeiro ir ao tribunal dos conciliadores chamados pacificadores" [2].

Segundo Paul Ricoeur, a justiça tem dois objectivos. A sua primeira função é distribuir as partes e "dar a cada um o que merece". E ao cumprir a segunda função, consegue a restauração do laço social. Esta é, segundo o filósofo, a função última da justiça [3]. É esta segunda função que está atualmente a ganhar particular popularidade, como o demonstra a atenção dada por investigadores, profissionais do direito e legisladores aos procedimentos de conciliação nos Estados democráticos e de direito.

De facto, a conciliação como meio de resolução de litígios tornou-se um tema de grande atualidade. No contexto do atual sistema judicial, que é frequentemente considerado demasiado lento, dispendioso, complexo, corrupto, tendencioso, dependente e indiferente às necessidades da população, a conciliação surge como uma resposta oportuna e adequada a estas deficiências.

A literatura jurídica russa também consubstancia a opinião de que o instrumento mais eficaz para a resolução de litígios, quer de direito privado quer mesmo de direito público, é a sua resolução através de procedimentos de conciliação. A mediação é um desses procedimentos de conciliação, reconhecido como o mais eficaz e generalizado, através do qual as partes chegam a uma reconciliação com a ajuda de um terceiro independente. Muitas vezes, a resolução de litígios através da conciliação é considerada prioritária entre todos os objectivos do contencioso civil. Por exemplo, Nekrošius V. observa que "na hierarquia dos objectivos dos processos judiciais, a posição de liderança é ocupada pelo objetivo de reconciliação das partes, enquanto a resolução do caso quanto ao mérito e a tomada de decisões devem ser tratadas como objectivos secundários e aplicadas apenas quando já não é possível reconciliar as partes" <4>.

Uma abordagem semelhante é seguida por T.V. Sakhnova e D.A. Fursov, que partem do princípio de que, idealmente, o tribunal em processos civis "deveria estar interessado em encontrar uma solução "pacífica" para o litígio, estimulando as partes a procurarem essa solução"<5>.

B.I. Pospelov afirma ainda que "a abordagem que visa não a resolução judicial de litígios e conflitos jurídicos, mas a sua resolução pacífica deve inicialmente prevalecer na sociedade" <6>.

Na Referência sobre a Prática de Aplicação da Lei Federal sobre Mediação, o Presidium do Supremo Tribunal da Federação Russa observa que o desenvolvimento de procedimentos de conciliação é uma das áreas prioritárias de melhoria dos mecanismos de resolução de litígios e de proteção dos direitos violados dos cidadãos<7>.

Parece que, ao destacar a reconciliação das partes como uma das tarefas da fase de preparação dos processos cíveis para julgamento (artigo 148.º do Código de Processo Civil da Federação Russa), o legislador manifesta também a sua compreensão e simpatia pelo procedimento de resolução de um litígio sem proferir uma decisão vinculativa, devido às suas inegáveis vantagens.

Nas condições da sociedade democrática moderna, caracterizada por relações jurídicas complexas que necessitam de uma resolução simplificada, rápida e barata, é necessário reconhecer a validade da abordagem que reconhece a resolução pacífica de um litígio como objetivo primordial do processo civil, tendo em conta a essência e os fundamentos da conciliação e as deficiências do sistema judicial moderno, que tornam ineficaz a única forma de proteger os direitos e interesses violados e contestados dos cidadãos e das organizações.

"A conciliação das partes parece ser uma forma desejável de pôr termo a um litígio, não só no interesse dos próprios litigantes, mas também do Estado, uma vez que este último está naturalmente interessado em assegurar a ausência de conflitos e litígios entre os cidadãos"<8>.

Assim, atualmente, para além de resolverem o litígio através da emissão de uma sentença, os juízes têm a obrigação de reconciliar as partes por força do artigo 148º do Código de Processo Civil da Federação Russa. Como decorre do teor deste artigo, a tarefa de um juiz de conciliar as partes no decurso de um processo civil limita-se à fase de preparação dos processos para julgamento. Parece que esta formulação da tarefa de reconciliação das partes não corresponde à situação atual, uma vez que é restritiva, impondo ao tribunal a obrigação de promover a reconciliação das partes apenas na fase de preparação do processo para julgamento.

Como é sabido, a mediação de um litígio já submetido à apreciação de um tribunal judicial ou arbitral é possível em qualquer altura antes de a decisão ser tomada pelo tribunal judicial ou arbitral competente (parte 2 do artigo 4º da Lei Federal sobre Mediação)<9>. Além disso, a prática demonstra que é possível aplicar o procedimento de mediação mesmo depois de o tribunal ter proferido uma decisão, ou seja, na fase do processo de execução. Por conseguinte, a tarefa do tribunal de conciliar as partes não deve limitar-se apenas à fase de preparação dos processos para julgamento, mas deve abranger todas as fases do processo judicial. Tal deve-se ao facto de a obtenção de um consenso através da mediação, mesmo na última fase do processo judicial, ser sempre acompanhada de grandes vantagens   . Em primeiro lugar, o facto de se chegar a um acordo mutuamente vantajoso

Em segundo lugar, um acordo obtido através da mediação oferece às partes a possibilidade de manterem boas relações entre si, o que é particularmente importante nas relações pessoais e nos litígios económicos. Em segundo lugar, o acordo alcançado, regra geral, não causa dificuldades de execução, uma vez que as partes que voluntariamente participaram no procedimento executarão voluntariamente o seu resultado. Este facto é importante, especialmente nas condições actuais, em que a não execução das decisões judiciais é um dos principais problemas do sistema judicial. É de salientar que, de acordo com as estatísticas, o nível de execução das decisões judiciais no país é de apenas 45%<10>. Em terceiro lugar, a resolução de litígios através da mediação permite libertar os tribunais. Este último objetivo está no centro de todas as iniciativas de introdução e desenvolvimento de vários procedimentos de conciliação em quase todos os países.

A imposição aos juízes da obrigação de reconciliar as partes levanta a questão das acções específicas que devem ser tomadas pelos juízes em cada fase do processo civil com vista à reconciliação das partes. Note-se que o processo de mediação em si não é regulado pelo CPC, o que implica o trabalho criativo do tribunal, que é obrigado a tomar as medidas especificadas por lei para reconciliar as partes.

No entanto, o conteúdo do n.º 5, parte 1, do art. 1. 1 do artigo 150.º, n.º 1, do Código de Processo Civil da Federação Russa, que revela as acções do tribunal destinadas à execução da tarefa de reconciliação das partes, é de natureza declarativa, uma vez que não especifica exatamente quais as medidas que o tribunal deve tomar para executar esta tarefa. De acordo com esta norma, "o tribunal deve tomar medidas para celebrar um acordo amigável entre as partes, incluindo os resultados do procedimento de mediação, em conformidade com o procedimento estabelecido pela lei federal, que as partes têm o direito de realizar em qualquer fase do processo, explicar às partes o seu direito de solicitar a resolução do litígio ao tribunal arbitral e as consequências de tais acções".

A Resolução do Plenário do Supremo Tribunal da Federação Russa n.º 11, de 24 de junho de 2008, "Sobre a preparação de um processo para julgamento", especifica mais pormenorizadamente as acções do tribunal para reconciliar as partes quando prepara um processo para julgamento. Assim, o n.º 15 da Resolução determina que a tarefa do juiz consiste em: explicar às partes as vantagens de terminar o processo em paz; explicar que, na sua força jurídica, a determinação de homologar um acordo não é inferior a uma sentença judicial e, se necessário, está também sujeita a execução obrigatória; explicar as consequências da aplicação de procedimentos de conciliação<11> .

Tal como decorre do significado da cláusula 5, parte 1, do art. 1. 1 do artigo 150.º, n.º 1, do Código de Processo Civil da Federação Russa e explicado na Resolução do Plenário do Supremo Tribunal da Federação Russa, as acções do tribunal para conciliar as partes consistem apenas em informar as partes sobre as vantagens e a essência dos procedimentos de conciliação. Não há dúvida de que a informação das partes sobre a essência e as consequências dos procedimentos de conciliação é "um instrumento eficaz de propaganda e cultivo da ideia de conciliação na sociedade" <12> e não levanta objecções, especialmente na fase atual do seu desenvolvimento, quando necessitam de um apoio especial do Estado e de todo o sistema judicial. No entanto, há que reconhecer que tal ação, por si só, não é suficiente para introduzir uma instituição tão importante na sociedade. Para que estes procedimentos sejam eficazes, não podem limitar-se a uma mera explicação; são necessárias medidas de acompanhamento que permitam às partes não só serem informadas sobre os procedimentos de conciliação, mas também utilizá-los. Caso contrário, "em muitos casos, as partes apenas serão informadas sobre a mediação, a negociação e a arbitragem, mas não poderão efetivamente utilizá-las" <13> .

Assim, o juiz deve tomar todas as medidas necessárias para persuadir as partes a fazerem certas concessões e a chegarem a um acordo. Se as partes forem informadas das consequências de terminar o processo com uma sentença e das vantagens de chegar a um acordo amigável, procurarão sem dúvida resolver o seu litígio através da conciliação. Basta que cada parte veja as suas próprias vantagens para estar disposta a conciliar com o seu adversário.

A explicação do direito de resolver um litígio com a participação de um mediador pressupõe uma boa compreensão da essência, possibilidades e limitações do procedimento de mediação<14>. Contudo, tendo em conta o facto de o procedimento de mediação ser um fenómeno novo na sociedade russa (pelo menos na sua aceção moderna), parece aconselhável que os juízes recebam uma formação especial sobre a essência e as técnicas de resolução de litígios com a ajuda de um mediador. Esta formação poderia ser organizada periodicamente sob a forma de formação avançada.

É igualmente possível organizar reuniões preliminares das partes com mediadores profissionais em todos os tribunais. De facto, estes mediadores com capacidade de negociação são os mais capazes de convencer as partes a resolverem os seus litígios de forma amigável, uma vez que a sua experiência lhes permite compreender as dificuldades frequentemente encontradas numa situação deste tipo, bem como as formas de as ultrapassar.

Além disso, a disciplina de ADR - Resolução Alternativa de Litígios - deve ser incluída no programa de formação de advogados em várias universidades, a fim de preparar a futura geração de juristas e investigadores com os conhecimentos necessários sobre os procedimentos de conciliação.

A tarefa do tribunal de reconciliar as partes no caso de estas recorrerem ao procedimento de mediação é igualmente cumprida, dando-lhes o tempo necessário para resolver o litígio. Em conformidade com a parte 1 do artigo 169.º do Código de Processo Civil da Federação Russa, o tribunal pode adiar o processo por um período não superior a sessenta dias, a pedido de ambas as partes, se estas decidirem efetuar a mediação.

Analisando o significado da norma acima referida, Nosyreva E.I. tira as seguintes conclusões "A consequência processual da aplicação do procedimento de mediação é apenas o adiamento do processo judicial, mas não a suspensão do processo ou o adiamento da sessão do tribunal; é igualmente impossível pôr termo ao processo ou deixar o pedido sem apreciação". Além disso, "o adiamento do processo para efeitos de mediação é um direito e não uma obrigação do tribunal; se o tribunal tiver razões para crer que o processo de mediação pode ser utilizado apenas com o objetivo de prolongar o processo sem que as partes tenham a intenção de resolver o litígio, o tribunal pode recusar-se a adiar o julgamento" <15>.

Em nossa opinião, o adiamento do processo deve ser um dever do tribunal em qualquer caso e não deve ser permitida uma situação em que as partes poderiam ter resolvido o litígio através da conciliação (mediação), mas, devido ao facto de o juiz não lhes ter dado essa oportunidade, são obrigadas a executar a decisão vinculativa por ele tomada. De facto, mesmo quando as partes não chegam a um acordo amigável, o próprio facto de haver um processo de conciliação não as deixa indiferentes.

Note-se que o prazo máximo estabelecido para o adiamento do processo num caso (60 dias) não pode ser aumentado pelo tribunal, pelas partes ou pelo mediador, enquanto o prazo para a mediação extrajudicial pode ser aumentado por acordo das partes e com o consentimento do mediador até 180 dias. De acordo com V. O. Abolonin, "a criação de prazos gerais para todos os tipos de mediação e o encerramento automático do procedimento em caso de expiração do prazo parece ser uma forma de interferência excessiva e incompetente do Estado em questões privadas do procedimento de mediação" <16>

A este respeito, parece correcta e justa a observação do autor, segundo a qual, estando as partes em litígio numa situação de tensão, o início do processo de conciliação pode demorar bastante tempo. Afinal, o prazo pode expirar antes de as partes chegarem ao resultado do processo de conciliação. Por conseguinte, na nossa opinião, seria aconselhável dar aos juízes a possibilidade de alargar este prazo para permitir às partes pôr termo ao litígio de forma amigável. Para este efeito, o juiz deve ter em conta o grau de probabilidade de as partes chegarem a um resultado favorável. Com efeito, a celebração de um acordo amigável entre as partes evitará um recurso posterior contra a sentença e, consequentemente, reduzirá a carga de trabalho dos tribunais de segunda instância. É claro que o período de conciliação num processo já submetido ao tribunal não pode ser infinito, no entanto, parece que o período de 60 dias sem possibilidade de prorrogação não é propício à aplicação efectiva do procedimento.

Neste caso, a experiência francesa é interessante. De acordo com a atual legislação francesa, o tribunal que aceitou o processo, após obter o consentimento das partes, nomeia um mediador (artigo 131.º-1 do Novo Código de Processo Civil da República Francesa - CNPC FR) <17> e determina os termos da mediação. Numa primeira fase, o prazo da mediação não pode exceder três meses. O prazo de mediação pode ser prorrogado por igual período a pedido do mediador (artigo 131º-3 do Código de Processo Civil francês).

Notas de rodapé

<1> Platão, Les lois, VI p.767

< 2> Nefediev E.A. Selected Works on Civil Procedure// E.A. Nefediev; Universidade Estatal de Moscovo Lomonosov, Kuban, Kuban.Gos-un-t.-Krasnodar: Soviet Kuban; 2005. M.V.Lomonosov, Kuban, Kuban.Gos-un-t.-Krasnodar: soviet.kuban; 2005. C 325

< 3>. P. Ricoeur, "L'acte de juger", in Le juste, Paris, Esprit, 1995, p. 185-192

< 4> Nekrošius V. Objectivos do processo civil: estabelecimento da verdade ou reconciliação das partes? // Anuário Russo de Processo Civil e Arbitral. - 2005. - № 4. -SPb. Izd. dom S.-Peterb. gos. un-ta. 2006. -C.12

< 5> Fursov D.A., Kharlamova I.V. Teoria da justiça numa breve apresentação em três volumes sobre processos civis. M.: Estatuto, 2009. T. 2. C. 410

< 6> B.I.Pospelov.Role of the court in reconciliation of parties in civil proceedings. B.I.Pospelov// Vestnik Omskogo Universitet, "série de direito" 2013 c. 2

< 7> Referência sobre a prática de aplicação da Lei Federal "Sobre o procedimento alternativo de resolução de litígios com a participação de um mediador (procedimento de mediação). Aprovada pelo Presidium do Supremo Tribunal da Federação Russa em 6 de junho de 2012 // JPS "ConsultantPlus".

< 8> Nefediev E.A. Selected Works on Civil Procedure// E.A. Nefediev; Universidade Estatal de Moscovo Lomonosov, Kuban, Kuban.Gos-un-t.-Krasnodar: Soviet Kuban; 2005-2005. M.V.Lomonosov, Kuban, Kuban.Gos-un-t.-Krasnodar: soviet.kuban; 2005.-2005. C 325

< 9> Lei Federal de 27.07.2010 N 193-FZ "Sobre o procedimento alternativo de resolução de litígios com a participação de um mediador" (procedimento de mediação)// Coletânea de Legislação da Federação Russa. 2010. № 31. Art. 4162.

< 10> Khishenko A.S. Procedimentos de conciliação no processo de regulamentação jurídica: análise histórica e jurídica. Dis.kand.jurid.nauk. Moscovo-, 2014. C 77-78

< 11> Ver: Resolução do Plenário do Supremo Tribunal da Federação Russa de 24 de junho de 2008 N 11 "Sobre a preparação dos processos civis para julgamento" // JPS "ConsultantPlus".

< 12> Ver B.I. Pospelov. O papel do tribunal na reconciliação das partes em processos civis. B.I.Pospelov// Vestnik Omskogo Universitet, "série de direito" 2013 P. 3

< 13> NaM igual. com 4

< 14> Zagainova S.K.Zagainova S.K.Formação na Rússia da prática da mediação em processos civis com base no exemplo da experiência jurídica "Desenvolvimento e teste de mecanismos para a integração da mediação em processos civis"//"Vestnik of Civil Procedure", 2012, N 6 P.9

< 15> Ver Nosyreva E.I. Application of norms on mediation in civil proceedings // Vestnik of Civil Procedure. 2012. № 6. C 5

< 16> Abolonin V. O. Para a questão da mediação comercial na Rússia // Arbitragem e Processo Civil. 2011. № 4. C. 34.

< 17>. Code de procédure civile français (última modificação: 25 de agosto de 2016).

Problemas de realização da função conciliatória do tribunal no processo civil moderno.

Nos últimos anos, registou-se uma mudança fundamental na compreensão das funções do tribunal em processo civil. Para além da função tradicional de resolução de litígios através da aplicação absoluta das normas jurídicas, é hoje atribuída ao juiz uma função social, que consiste no seu dever de facilitar a resolução do conflito pelas próprias partes em termos mutuamente benéficos (através de processos de conciliação). [15]Tal como B.I. Pospelov observa com razão, "a dialética do processo civil traz uma nova compreensão do papel do tribunal na resolução de litígios jurídicos, o que exige que os juízes alterem radicalmente os seus pontos de vista sobre o processo de conciliação e que o legislador determine a prioridade dos objectivos do processo civil e o desenvolvimento dos procedimentos de conciliação". Além disso, a função social do tribunal é muito popular e é objeto de grande atenção por parte de toda a comunidade jurídica. Por conseguinte, a conciliação constitui atualmente um dos deveres do tribunal na apreciação dos processos civis, pelo que foi objeto de regulamentação legislativa em muitos Estados democráticos e de direito.

No entanto, apesar de todos os esforços investidos no desenvolvimento dos procedimentos de conciliação e do facto de os méritos que lhes são atribuídos serem bastante atractivos, deve notar-se que a aplicação prática da função de conciliação no âmbito da apreciação e resolução de litígios nos tribunais russos continua a ser ineficaz e insatisfatória. Por conseguinte, a questão dos problemas e das razões que impedem a aplicação efectiva dos procedimentos de conciliação nos tribunais continua a ser relevante.

Com base na experiência estrangeira, há razões para crer que um dos problemas da realização pelo tribunal da sua função conciliatória é a regulamentação jurídica incorrecta do dever do tribunal de conciliar as partes, que se traduz numa certa contradição das normas que o regulam. De facto, nos termos do artigo 148.º do Código

---

15 Pospelov B.I.The role of the court in reconciliation of parties in civil proceedings. B.I.Pospelov/ Vestnik Omskogo Universitet, "Law Series" 2013 c.2 JPS "Consultant Plus".

de Processo Civil da Federação Russa (a seguir designado CPC RF), a conciliação é uma das cinco tarefas da fase de preparação do processo para julgamento. Ao mesmo tempo, a parte. 5 do artigo 150.º do CPC RF consagra o direito de as partes conduzirem a mediação (procedimento de conciliação) em qualquer fase do processo judicial.

A experiência estrangeira revela uma abordagem diferente na regulamentação da tarefa do tribunal de reconciliação das partes. Por exemplo, o Código de Processo Civil da província canadiana do Quebeque prevê que uma das missões do tribunal que aprecia os processos, tanto em primeira instância como em recurso, consiste em facilitar a reconciliação das partes (parte 2 do artigo 9.º do Código de Processo Civil do Quebeque). Uma abordagem semelhante em matéria de regulamentação é conhecida na legislação da República Francesa, onde o novo Código de Processo Civil (a seguir designado "Código de Processo Civil da República Francesa") prevê que a conciliação faz parte da missão do tribunal na apreciação e resolução de processos civis (artigo 21.º do Código de Processo Civil da República Francesa). O que merece mais atenção é o facto de, ao contrário da legislação russa, a legislação da República Francesa consagrar a conciliação como um dos princípios fundamentais do processo judicial. Por conseguinte, nos processos civis franceses, a tentativa de conciliação das partes é efectuada em qualquer momento e em qualquer lugar que o juiz considere favorável (artigo 129.º do Código de Processo Civil francês).

Esta abordagem da regulamentação da função de conciliação do tribunal parece ser razoável e está mais de acordo com as realidades modernas, correspondendo à tendência global do desenvolvimento do processo civilizacional. A este respeito, pensa-se que a adoção deste exemplo na regulamentação russa da função de conciliação das partes do tribunal contribuiria para o desenvolvimento e a implementação de uma instituição tão importante na sociedade russa. Hoje em dia, ninguém pode argumentar que, em comparação com a decisão do tribunal que vincula as partes, o fim de um litígio em termos acordados é sempre acompanhado de grandes vantagens e responde corretamente às necessidades reais da sociedade moderna. No atual sistema judicial, que é lento, complicado, dispendioso e indiferente às necessidades humanas reais, a conciliação é a resposta adequada, o que exige uma regulamentação apropriada.

Como problema da realização pelo tribunal da tarefa de reconciliação das partes num processo pendente no tribunal pode também ser destacada a incerteza do leque de acções específicas do tribunal que facilitam a reconciliação das partes. [16]A imprensa jurídica salienta, com razão, o facto de as acções e medidas do tribunal para reconciliar as partes, tal como definidas pela legislação da Federação Russa, serem apenas de natureza informativa. [17]No entanto, tendo em conta que "as principais funções de conciliação nos processos civis pertencem ao tribunal, o que, em alguns casos, é evidente até pelo seu nome - "juiz de paz"", torna-se óbvio que a falta de regulamentação legislativa de acções específicas por parte do juiz não contribui para o cumprimento efetivo pelo tribunal do seu dever de conciliar as partes.

A regulamentação legislativa estrangeira das principais acções do tribunal para cumprir a sua missão de conciliação nos processos civis é uma prova viva de que o desenvolvimento e a consolidação legislativa das acções necessárias do tribunal destinadas à conciliação das partes é uma condição necessária para o êxito da conciliação em tribunal. Por exemplo, o Código de Processo Civil do Quebeque prevê que, para além de informar as partes, o juiz pode organizar e presidir a reuniões de conciliação nas quais devem participar as partes e os mediadores (arts. 161 e 162 do Código de Processo Civil do Quebeque). Estas reuniões são geralmente organizadas com o objetivo de facilitar a comunicação entre as partes e de as ajudar a compreender e a avaliar a realidade, os seus interesses e as suas posições, bem como a considerar várias soluções susceptíveis de conduzir a um acordo mutuamente aceitável. A participação dos mediadores nestas reuniões, por sua vez, tem como objetivo a realização de procedimentos de mediação com as partes que, depois de receberem do

---

16 Pospelov B.I. O papel do tribunal na reconciliação das partes em processos civis. B.I.Pospelov/ Vestnik Omskogo Universitet, "série de direito" 2013 c.3 , Bekyasheva D.I. Procedimentos de conciliação na fase de preparação do processo - o futuro do processo civil / World Judge. 2012. No. 6 p. 5, Tsaregorodtseva E.A. Conciliation procedures as a way to optimize civil proceedings// "Publishing House of the Faculty of Law of St. Petersburg State University", 2007 JPS "Consultant Plus", and others
17 Potapenko S.V. Procedimentos de conciliação em processos civis e o papel do tribunal na sua implementação: Conferência científica e prática de toda a Rússia (17 de dezembro de 2014) / Secção do Norte do Cáucaso da Universidade Estatal Russa de Justiça. Krasnodar, 2015publicado em http://pro-sud- 123.ru/

juiz informações gerais sobre o procedimento, se disponham a mediar. [18]Esta ação pode desempenhar um papel importante na reconciliação, pois "enquanto houver inimizade entre as partes, não é possível a reconciliação; - a destruição da inimizade contribui para uma visão sóbria das pretensões do adversário".

Em França, a lei de processo civil prevê o direito de o juiz da causa iniciar a conciliação em qualquer fase do processo civil (artigo 128º da lei de processo civil francesa). Simultaneamente, os juízes têm o poder discricionário de recomendar às partes a aplicação de um determinado procedimento de conciliação. Na Noruega existe uma experiência semelhante. [19]De acordo com as estatísticas, quando o próprio juiz aplica uma ação de conciliação, recomendando às partes um procedimento de conciliação, as partes aceitam-na em 50% dos casos. [20] Além disso, em certos casos, o direito francês prevê a possibilidade de conduzir procedimentos de conciliação, nomeadamente o procedimento de conciliação judicial pelo juiz da causa ou de delegar essa missão a um terceiro (conciliador judicial).

Em Inglaterra, a ordem do tribunal para que as partes recorram à mediação dá origem ao chamado "duty on the dispute parties to consider mediation" (dever das partes em litígio de considerar a mediação), que consiste essencialmente em dar-lhes a possibilidade de procurar os serviços de um mediador. A este respeito, o tribunal tem o direito de obrigar as partes a ponderar o recurso à mediação e o processo é suspenso para que este direito seja cumprido. [21]Em caso de incumprimento da obrigação de ponderar a possibilidade de mediação, estão previstas sanções sob a forma de custas judiciais, que podem ser impostas se uma das partes, deliberadamente e por razões objetivamente insatisfatórias, não tiver ponderado devidamente a possibilidade de

---

18 Nefediev E.A. Nefediev E.A. Inclinação das partes para a paz no processo civil. Kazan, 1890 *P. 18 - 19*
19Célérité et qualité de la justice. Peritagem de Béatrice BLOHORN-BLENNER, Médiatra no Conselho da Europa, Presidente da Chambre de chambre à la Cour d'appel de Lyon, Fundadora e Vice-Presidente do Grupo de Magistrados Europeus para a Mediação (GEMME) p.33.
20 O procedimento de conciliação judicial é conhecido na legislação da França, do Canadá, da Suíça e da Noruega. Por conciliação deve entender-se um procedimento de resolução amigável pelas próprias partes de um litígio existente entre elas com base em negociações com a participação de uma terceira pessoa neutra - o conciliador, ou sem essa participação. O procedimento de conciliação difere da mediação apenas no grau de participação da terceira pessoa.
21 The system of civil procedure in England: court proceedings, mediation and arbitration" (Andrews N.)// Tradução do inglês por MIKHAIL Yuryevich Maslov, ed. por R.M. Khodykin "Infotropic Media", 2012 P141-142 SPS "ConsultantPlus".

mediação .

Assim, para além de informar as partes, a legislação da Federação Russa deveria prever uma ativação ainda maior dos juízes, à semelhança da experiência estrangeira. Esta medida pode constituir um instrumento eficaz para a execução da tarefa do tribunal de reconciliação das partes, especialmente porque tais acções são possíveis em todas as fases do processo civil e sem afetar o curso normal do processo civil.

Os factores históricos e culturais podem também ser referidos como um problema na realização da missão de conciliação no tribunal. A conceção da função do juiz na resolução e apreciação do processo civil, como resolução dos litígios através da aplicação absoluta das normas jurídicas, bem como a aplicação do poder do tribunal para resolver o litígio, dá sempre prioridade às partes. Assim, tendo apresentado um pedido ao tribunal para a proteção dos seus direitos e interesses legítimos, as partes esperam apenas que este profira uma decisão que as vincule.

Tal conceito deve-se ao facto de, tradicionalmente, o papel central do tribunal ser exclusivamente o de considerar e resolver o litígio quanto ao mérito, do ponto de vista da lei, enquanto a conciliação é realizada por outras pessoas (conciliadores) e fora do edifício do tribunal. [22]Além disso, durante muito tempo e até à data, a forma judicial de proteção dos direitos e interesses legítimos dos sujeitos das relações jurídicas actua como a principal, universal e regulamentada em pormenor. Por conseguinte, uma tentativa de conciliação das partes por parte do juiz torna-se uma surpresa e, subsequentemente, raramente pode conduzir a resultados positivos. Estes preconceitos constituem um grande obstáculo à realização efectiva pelo tribunal da função de conciliação no âmbito do processo civil.

Por conseguinte, parece que a conciliação deve ser considerada não como uma função secundária do juiz nos processos civis, mas precisamente como a sua função natural e primária. [23]Como refere B.I. Pospelov, "na sociedade, desde o início, deve prevalecer

---

22 Reshetnikova O.M. Procedural aspetki application of mediation procedure// Development of mediation in Russia: theory, practice, education: collection of articles / edited by E.I.Nosyreva, D.G.Filchenko.-M.: Infotropic Media; Berlin, 2012.- p.154.
23 Pospelov B.I.The role of the court in reconciliation of parties in civil proceedings. B.I.Pospelov/ Vestnik Omskogo Universitet, "Law Series" 2013 p.2

uma abordagem que não vise a resolução judicial de litígios e conflitos jurídicos, mas a sua resolução pacífica". [24]Além disso, "a resolução do caso quanto ao mérito e a tomada de decisões devem ser tratadas como objectivos secundários e aplicadas apenas quando já não for possível conciliar as partes". Simultaneamente, é necessário substituir a conceção tradicional do papel do tribunal na apreciação e resolução dos processos civis, que consiste não só em proferir uma decisão vinculativa, mas também em facilitar a resolução do conflito pelas próprias partes. Este objetivo, em regra, é indubitavelmente facilitado pela consagração da conciliação como um dos princípios fundamentais do processo civil.

A legislação estrangeira segue esta abordagem. Por exemplo, nas instruções-protocolo do Regulamento de Processo Civil

[25]A Inglaterra indica, por exemplo, que "os tribunais estão a adotar cada vez mais o ponto de vista de que o litígio é um último recurso e que as acções não devem ser intentadas prematuramente quando existe uma probabilidade de acordo,...".

Finalmente, o grande congestionamento que caracteriza os tribunais de quase todas as instâncias impossibilita que os juízes se concentrem simultaneamente na forma de resolver os litígios quanto ao mérito e na forma de promover a resolução dos conflitos pelas próprias partes. Em tal estado de coisas, parece-nos que a maior preocupação do juiz será com o mérito da causa, o que não deixa espaço para a conciliação.

Além disso, dado que no exercício de todas as suas funções o tribunal deve seguir um procedimento e prazos legais estritamente definidos, torna-se difícil para os juízes realizar simultaneamente os objectivos da conciliação das partes, um procedimento que, pela sua natureza, se baseia no princípio da liberdade e da flexibilidade na resolução de litígios. Neste caso, entre um procedimento bem descrito de exame e resolução do litígio quanto ao fundo e um procedimento de conciliação não regulamentado, o juiz tem uma escolha clara. Deve ser dada especial atenção à norma

---

24 Nekrošius V. Objectivos do processo civil: estabelecimento da verdade ou reconciliação das partes? // Anuário Russo de Processo Civil e Arbitral. - 2005. - № 4. -SPb. Izd. dom S.-Peterb. gos. un-ta. 2006. - C.12
25 Instrução-Protocolos, 4.7

da parte 1 do artigo 169.º do Código de Processo Civil da Federação Russa, que prevê que o tribunal pode adiar o julgamento de um processo por um período não superior a sessenta dias, a pedido de ambas as partes, se estas decidirem conduzir um procedimento de mediação.

Tendo em conta que o prazo máximo de adiamento do processo não pode ser prorrogado em caso algum e que o decurso do prazo implicaria uma violação do direito processual, a tónica do juiz já não é a de permitir que as partes resolvam o seu conflito de forma amigável, mas sim a de garantir que não há violação do direito processual. Esta situação está longe de criar condições favoráveis para que o tribunal exerça a sua função conciliatória, antes a restringe.

Por conseguinte, na nossa opinião, para otimizar as possibilidades de pôr termo ao litígio sem uma decisão vinculativa, é necessário criar condições e um clima favoráveis, tal como se faz em alguns países estrangeiros onde a conciliação é muito praticada. Desta forma, evitar-se-á que as partes cheguem quase a um consenso, ou que haja uma grande probabilidade de chegarem a um acordo, mas que, devido ao termo do prazo, sejam obrigadas a executar uma decisão vinculativa emitida pelo tribunal.

A legislação de Zarubuzhu dá prioridade à resolução pacífica do litígio. A este respeito, a legislação de alguns países (por exemplo, a Suíça) nem sequer estabelece um prazo para a aplicação da conciliação, dando assim às partes poderes reforçados para resolverem o seu litígio de forma independente

Noutros países (a maioria das legislações), existe um prazo máximo para a conciliação, mas com a possibilidade de o prolongar (França, Quebeque, Noruega, Áustria).

Na nossa opinião, a fim de evitar abusos de direito por parte de uma parte desleal, o período de conciliação após o processo ter sido remetido para o tribunal não deve ser indefinido. Por conseguinte, o modelo que consiste em fixar um prazo máximo de conciliação com a possibilidade de o prorrogar em determinadas condições parece ser mais aceitável. Além disso, o período inicial deve ser razoável e suficiente. Com efeito, uma vez que as partes em conflito se encontram numa situação de tensão, pode ser necessário um período de tempo suficiente para dar início ao procedimento propriamente dito.

A CONCILIAÇÃO E A MEDIAÇÃO JUDICIAIS COMO MECANISMOS DE RESOLUÇÃO PACÍFICA DE LITÍGIOS NO PROCESSO CIVIL MODERNO: TRAÇOS COMUNS E DISTINTIVOS

Resumo: O artigo é dedicado à análise da conciliação e mediação judiciais como mecanismos alternativos de proteção dos direitos e interesses dos cidadãos em processo civil. Com base nas legislações processuais de alguns países estrangeiros, são estudadas as suas características comuns e distintivas.

Palavras-chave: Conciliação judicial, mediação, processo civil.

A principal prioridade de uma sociedade democrática moderna consiste em melhorar os mecanismos existentes para a resolução de litígios e a proteção dos direitos violados e dos interesses legítimos dos participantes em litígios civis. Para atingir este objetivo, estão a ser tomadas várias medidas, uma das quais é a introdução de vários procedimentos de conciliação no sistema de mecanismos de proteção dos direitos e interesses legítimos dos cidadãos. Assim, hoje em dia, os procedimentos de conciliação têm um desenvolvimento significativo não só fora das salas de audiências, mas também perante os próprios juízes, exigindo por vezes que estes últimos participem diretamente nos mesmos.

Com efeito, embora a conciliação possa ser conduzida com total independência do sistema judicial (o que está, em princípio, em conformidade com o conceito tradicional de conciliação), atualmente as partes têm a possibilidade de

o direito de recorrer a estes procedimentos mesmo quando o litígio já se encontra pendente em tribunal. Neste caso, a conciliação actua como um instrumento de atenuação da severidade da norma legal, tornando-a flexível na resolução de litígios judiciais. Assim, assiste-se hoje a um processo de alargamento do leque de procedimentos de resolução pacífica de litígios pelas próprias partes, que podem ser aplicados não só fora dos processos judiciais, mas também no âmbito da apreciação e resolução de processos cíveis. Entre estes procedimentos, assumem particular importância atualmente a mediação e a conciliação judiciais, consideradas como as formas mais generalizadas e eficazes de as partes resolverem pacificamente os seus diferendos em processo civil.

Atualmente, a legislação e a prática russas reconhecem a mediação como um dos procedimentos de conciliação através do qual as partes podem concluir pacificamente um litígio após o processo ter sido submetido a um tribunal. [26]Além disso, este procedimento foi objeto de regulamentação legislativa com a adoção da Lei Federal "relativa ao procedimento alternativo de resolução de litígios com a participação de um mediador" (a seguir designada "Lei sobre a mediação") . [27]No entanto, para além do procedimento de mediação, à luz do desenvolvimento do conceito de um Código de Processo Civil unificado da Federação da Rússia (a seguir designado "o conceito"), propõe-se a introdução de um novo mecanismo de resolução de litígios no âmbito da apreciação e resolução de processos civis - a conciliação judicial.

[28]Apesar de, em tempos, ter existido um projeto de lei do Supremo Tribunal de Arbitragem da Federação Russa que propunha este procedimento, a conciliação judicial como método independente de resolução pacífica de litígios continua a ser uma novidade no moderno sistema jurídico russo. Ao mesmo tempo, o conceito sublinha especificamente que o procedimento de conciliação judicial não deve substituir o procedimento de mediação. A este respeito, é interessante estudá-lo em comparação com o procedimento de mediação. Tanto mais que a distinção entre os dois procedimentos em causa (conciliação e mediação) no processo civilizacional nem sempre é fácil de estabelecer.

Como já foi referido, até à data, a conciliação judicial como procedimento independente de resolução de litígios não é conhecida na prática e no contencioso civil

---

26 Lei Federal "Sobre o procedimento alternativo para a resolução de litígios com a participação de um mediador (procedimento de mediação) a partir de 27 de julho de 2010 N 193-FZ (Em edições de 23.07.2013 № 233-FZ, a partir de 02.07.2013 № 185-FZ // Acesso a partir da referência. - sistema legal "Consultant Plus".

27Conceito de um Código de Processo Civil unificado da Federação da Rússia" (aprovado pela decisão do Comité de Legislação Civil, Penal, Arbitral e Processual da Duma da Assembleia Federal da Federação da Rússia de 08.12.2014 N 124// Acesso a partir do sistema jurídico de referência "Consultant Plus".

28 Ver: Projeto de lei federal do HAC RF "Sobre a alteração de certos actos legislativos da Federação Russa relacionados com a melhoria dos procedimentos de conciliação"// Acesso a partir do sistema jurídico de referência "Consultant Plus".

russo. No entanto, é amplamente utilizada em processos civis em muitos países estrangeiros e provou ser um dos procedimentos eficazes para a resolução pacífica de litígios entre as partes quando o litígio já está pendente em tribunal. Por conseguinte, com base na experiência estrangeira e tendo em conta que o conceito não dá uma resposta específica à questão da diferenciação dos dois procedimentos em causa, é pertinente identificar a sua essência, bem como destacar as suas características comuns e distintivas.

[29]Na literatura, os procedimentos de "conciliação judicial" e de "mediação judicial" são frequentemente considerados como duas categorias idênticas. No entanto, embora estes mecanismos de resolução de litígios tenham muito em comum, são ao mesmo tempo diferentes em muitos aspectos. O que há de comum entre a conciliação e a mediação judiciais é, antes de mais, o facto de ambas constituírem alternativas à proteção judicial tradicional dos direitos e interesses legítimos dos litigantes civis. A conciliação e a mediação judiciais podem ser utilizadas para resolver litígios já pendentes em tribunal e, se forem bem sucedidas, o litígio é extinto e o julgamento do mérito deixa de ser necessário.

Por outro lado, os procedimentos de mediação e de conciliação judicial em processo civil são geralmente efectuados com base no princípio da voluntariedade e com a participação de um terceiro independente que não está autorizado a tomar uma decisão vinculativa para as partes. Embora o conciliador judicial possa propor a sua própria solução para o litígio, esta não é vinculativa enquanto as partes não manifestarem o seu acordo sobre a mesma. Em qualquer caso, a decisão final sobre o caso, quer se trate de uma conciliação judicial ou de uma mediação, será tomada exclusivamente pelas próprias partes.

Além disso, para além do seu carácter voluntário, a mediação e a conciliação judicial, como todos os procedimentos de conciliação, baseiam-se nos princípios da confidencialidade, da neutralidade e da imparcialidade do terceiro, da cooperação e da

---

29 Ver: Bogatina Y.G. Alternative ways of dispute resolution // Arbitration practice. 2006. № 6. C. 24; Primak T.K. Meios alternativos de resolução de conflitos // Justiça da Paz. 2010. № 10. C. 10.

igualdade de armas. Baseiam-se na negociação. Regra geral, a decisão é tomada pelas próprias partes em termos acordados, tendo na máxima consideração os interesses de ambas as partes. A ação do terceiro tem por objetivo facilitar a comunicação entre as partes, a fim de resolver os seus diferendos sem uma decisão vinculativa do tribunal.

A diferença fundamental entre a conciliação judicial e a mediação reside no grau de participação, no papel e nas funções do terceiro envolvido. O estabelecimento legislativo do procedimento de conciliação judicial no estrangeiro mostra que é possível que as partes conciliem por si próprias sem a intervenção de um terceiro conciliador. Em França, por exemplo, o novo Código de Processo Civil prevê expressamente que as partes podem conciliar-se por sua própria iniciativa ou por iniciativa do juiz em qualquer fase do processo civil (artigo 128º do Código de Processo Civil). No entanto, se a participação de um terceiro no processo de conciliação pode ser facultativa, apresenta grandes vantagens, uma vez que o conciliador contribui para o restabelecimento do diálogo entre as partes, constituindo assim um passo necessário e decisivo para um resultado positivo. Por conseguinte, afigura-se que, para a realização efectiva da conciliação em processo civil, a participação de um terceiro deve ser sempre recomendada.

Contrariamente à conciliação, a mediação exige sempre a participação obrigatória de um terceiro mediador neutro. A própria essência do termo "mediação" (mediação) implica a participação de um mediador entre duas pessoas em conflito. Neste caso, seria impensável conduzir um procedimento de mediação que não envolvesse um mediador. O procedimento de mediação é definido como um método de resolução de litígios com a assistência de um mediador, com base no consentimento voluntário das partes, com o objetivo de alcançar uma solução mutuamente aceitável (Parte 2 do artigo 2.º da Lei Federal sobre a Mediação).

Além disso, a diferença entre "mediação" e "conciliação judicial" reside no facto de um conciliador judicial desempenhar, em regra, um papel mais ativo na conciliação do que um mediador. O papel deste último consiste apenas em organizar reuniões entre as partes, criar condições favoráveis para que as partes cheguem a uma solução mutuamente aceitável, sem direito a tomar qualquer decisão.

A análise da legislação processual de alguns países estrangeiros permite-nos concluir que o papel do conciliador judicial é mais ativo do que o do mediador. Por exemplo, na Suíça, o Código de Processo Civil estabelece o direito do conciliador judicial de obrigar as partes a comparecerem pessoalmente para participarem no processo de conciliação (artigo 204.º do Código de Processo Civil). Esta legislação estabelece igualmente o direito de o conciliador ter em conta os documentos que as partes lhe apresentem e de inspecionar o local do incidente. Além disso, estipula que o conciliador tem o direito de solicitar outras provas se pretender propor uma solução às partes (artigo 203.º do Código de Processo Civil suíço). [30]Em França, o novo Código de Processo Civil prevê a possibilidade de o conciliador judicial, com o consentimento das partes, visitar o local do acidente e interrogar as pessoas cujo testemunho lhe seja útil (artigo 129º-4 do Código de Processo Civil).

Resulta do que precede que, contrariamente ao mediador, o conciliador judicial não se limita a facilitar a comunicação entre as partes, mas dispõe igualmente de poderes adicionais (propor a sua própria versão da solução do litígio, interrogar pessoas, proceder a uma inspeção do local, informar as partes sobre a sua apreciação do litígio e dos factos disponíveis, formular as suas recomendações ou mesmo propor a sua própria versão da solução do litígio, etc.). [31]A este respeito, os investigadores sublinham que o conciliador judicial é um mediador particularmente ativo.

[32]Como características distintivas da conciliação e da mediação judiciais, é igualmente útil notar que *a conciliação se centra nos factos, enquanto a mediação se centra nas pessoas* . Na conciliação judicial, a intenção das partes e o seu estado de espírito antes do surgimento do litígio e após a sua resolução são objeto de menos atenção do que na mediação. [33]A este respeito, J. A. Mirimanoff observa que a mediação está interessada

---

30 Novo Código de Processo Civil francês (última modificação: 26 de fevereiro de 2016) https://www.legifrance.gouv.fr
31 Voir: P. KAYSER, "La recherche en France de la diminution des contentieux judiciaire et administratif par le développement des règlements amiables", Justices, 1996, p. 203, spec. p. 208.
32 Voir: Jean A. MIRIMANOFF. Médiation et conciliation : pour en finir avec un psychodrame familial// exposé à la deuxième rencontre des ACBL du 12 Mai 2006 à Grange p. 4 http://www.gemme.ch/rep_fichier/gemme_mediation_et_conciliation.pdf
33 Voir: Thierry GARBY, La gestion des conflits, Economica, Paris , 2004, p.9.

na resolução do conflito, enquanto a conciliação tem por objetivo chegar a uma solução para o litígio, ou seja, às pretensões mútuas das partes. [34]Por outras palavras, a conciliação é utilizada quando a lei pode ser aplicada e a mediação é utilizada nos restantes casos. A este respeito, o mediador deve preocupar-se com as causas profundas do desacordo entre as partes; preocupa-se geralmente com o desenvolvimento da relação pessoal entre as partes. O conciliador, pelo contrário, apenas se esforçará por ultrapassar as divergências existentes entre as partes, não se interessando pelas causas longínquas que as afectam. O conciliador judicial é indiferente à relação futura entre as partes após a resolução do seu conflito.

Por último, a diferença entre a conciliação judicial e a mediação reside igualmente no facto de *a conciliação se desenvolver exclusivamente no quadro da lei, enquanto a mediação nem sempre é (pelo menos diretamente) influenciada pela lei.* [35]A este respeito, parece bastante justo constatar, segundo E.I. Nosyreva e D.G. Filchenko, que "a conciliação judicial não é um procedimento privado ao contrário da mediação: só é possível após o início de um processo em tribunal, representa um tipo de atividade judicial e é realizada no tribunal".

É por isso que, em nosso entender, a conciliação judicial é efectuada nas salas de audiências e por pessoas designadas para o efeito, de acordo com o procedimento estabelecido na lei. Por outro lado, o facto de a conciliação judicial se ter desenvolvido em ligação mais estreita com o sistema judicial do que a mediação justifica a existência de requisitos diferentes para os candidatos à mediação e à conciliação judicial. Em especial, no caso da conciliação judicial, é exigida uma formação jurídica superior ou experiência no domínio jurídico, bem como outras competências profissionais. A este respeito, por exemplo, as legislações de alguns países estrangeiros (França, Bélgica, Suíça e outros) prevêem mesmo a possibilidade de os procedimentos de conciliação serem efectuados pelo juiz que julga os processos em cumprimento da sua missão geral

---

34 Voir: Isabelle Bieri, La justice est-elle une médiation alternative ? Justiça e mediação, que alternativa? Texto da conferência realizada a 3 de outubro de 2006 no IUKB, p. 5
http://www.gemme.ch/rep_fichier/BIERI_IUK_Justice_et_mediation_20061003.pdf
35 Ver: Nosyreva E.I., D.G. Filchenko. Disposições básicas do conceito do instituto da reconciliação das partes no processo civil / "Vestnik Civil Process", 2015, N 1// Acesso a partir do sistema jurídico de referência "Consultant Plus".

de conciliação das partes. [36]De acordo com o Decreto francês n.º 78-381, de 20 de março de 1978, "relativo aos conciliadores judiciais", são nomeadas conciliadores judiciais as pessoas com um mínimo de três meses de experiência no domínio jurídico.

Na Rússia, de acordo com o conceito, um conciliador judicial pode ser um juiz reformado, um juiz auxiliar que não participa na apreciação de um caso ou um funcionário do aparelho judicial com formação jurídica superior. Por conseguinte, os principais requisitos para que um candidato possa exercer actividades de conciliação incluem as competências de qualificação e de avaliação dos factos disponíveis, que estão associadas à formação jurídica. Em comparação, não se sabe se um mediador tem este requisito. Em especial, de acordo com a legislação russa, as pessoas que tenham atingido a idade de vinte e cinco anos, possuam uma formação superior (*não necessariamente em direito*) *e* tenham recebido formação profissional adicional sobre a aplicação do procedimento de mediação (parte 1 e 3 do artigo 16.º da Lei sobre a Mediação) podem efetuar a mediação em litígios submetidos a um tribunal ou a um tribunal arbitral.

Além disso, a conciliação judicial é efectuada gratuitamente para as partes, o que significa que o Estado assume a obrigação de recompensar o conciliador pelo serviço prestado. Pelo contrário, o mediador exerce a sua atividade mediante remuneração, que é normalmente paga pelas partes. [37]A este respeito, os investigadores observam que, ao contrário do mediador, o conciliador judicial actua como um verdadeiro auxiliar do juiz no exercício da sua função conciliadora.

Assim, a conciliação e a mediação judicial são dois mecanismos diferentes mas complementares de resolução pacífica de litígios que não se excluem mutuamente. Com a sua ajuda, as partes podem resolver os seus diferendos sem uma decisão judicial vinculativa. A introdução da conciliação judicial nos processos civis russos permite diversificar os mecanismos de proteção dos direitos e dos interesses legítimos dos litigantes civis e dá às partes a possibilidade de escolherem, entre vários procedimentos

---

36 Décret n°78-381 du 20 mars 1978 relatif aux conciliateurs de justice (Version consolidée au 16 février 2017) https://www.legifrance.gouv.fr
37 Voir : Rapp. Magendie, "Célérité et qualité de la justice : les conciliateurs de justice", p. 17.

de conciliação, um procedimento adequado que corresponda aos seus interesses. Além disso, afigura-se que a conciliação e a mediação judiciais podem ser aplicadas de forma sequencial. As partes podem começar por recorrer à mediação e, em caso de insucesso, recorrer à conciliação judicial.

Classificação dos processos de conciliação em acções cíveis.

Os procedimentos de conciliação podem assumir muitas formas. Este facto deve-se, em primeiro lugar, à expansão da gama de procedimentos de conciliação e ao seu constante crescimento, que se pode observar atualmente. Atualmente, por exemplo, existem dezenas de procedimentos de conciliação em alguns países. O facto é que a condução dos processos de conciliação depende da vontade das partes e é por elas determinada. Por isso, atualmente, os autores apresentam diferentes critérios de classificação dos procedimentos de conciliação e existem muitas dificuldades relacionadas com a definição dos seus limites. A questão da classificação dos processos de conciliação reveste-se de inegável importância prática, uma vez que permite distinguir entre os vários processos de conciliação existentes, o que, por sua vez, contribui para a aplicação a qualquer litígio de um processo mais adaptado à sua resolução.

O critério mais geralmente aceite e básico para classificar os procedimentos de conciliação é o âmbito do seu desenvolvimento. Todos os outros critérios se baseiam geralmente neste critério. [38]Este critério de classificação baseia-se no facto de que "os procedimentos de conciliação, enquanto elementos do sistema jurídico, se desenvolvem em duas direcções: dentro do sistema judicial existente e fora dele". Com base neste critério, todos os procedimentos de conciliação são divididos em "privados" e "públicos".

1. procedimentos privados de conciliação. Trata-se de procedimentos de resolução pacífica de litígios, cuja existência, condução e funcionamento são independentes do sistema judicial tradicional do Estado. Em regra, independentemente do tipo de conflito e por força do princípio da disponibilidade que caracteriza as relações jurídicas civis, as partes são sempre livres de organizar negociações e estabelecer as condições para a resolução do seu litígio sem recurso aos tribunais. E se não puderem conduzir elas próprias essas negociações, as partes podem recorrer aos serviços de um terceiro, cujo

---

38 Nosyreva E.I. Resolução alternativa de litígios nos EUA.-M., OJSC "Publishing House "Gorodets", 2005. C 40

papel é facilitar a resolução do conflito por elas próprias. [39]Assim, os procedimentos privados de conciliação caracterizam-se por "um elevado grau de descartabilidade com uma intervenção mínima do Estado, a quem cabe apenas o reconhecimento formal e o controlo da sua legalidade" .

Os procedimentos de conciliação caracterizam-se igualmente pelo facto de serem *aplicados sem qualquer ligação com o juiz ou com o sistema judicial tradicional.* Realizam-se à margem dos processos judiciais: a iniciativa, o procedimento e a execução da decisão alcançada escapam a qualquer controlo judicial. A conciliação privada é também designada por "conciliação extrajudicial". Esta categoria de conciliação é bastante ampla e pode ser dividida em duas subcategorias, consoante o grau de formalidade da sua organização. Assim, podemos distinguir entre procedimentos de conciliação privados consensuais (ad hoc) e institucionais.

Procedimentos de conciliação consensuais. Procedimentos de resolução pacífica de litígios, cuja aplicação, tramitação e execução dos resultados não estão sujeitos a qualquer formalismo e dependem inteiramente da vontade das partes em conflito. As partes podem, por exemplo, organizar livremente o processo, designar o momento e o local do processo, definir o perfil do terceiro que intervém no processo e os seus poderes, etc.

Nalguns países (por exemplo, em França), essa conciliação pode ser prevista desde o momento da celebração do contrato, através da inclusão de uma cláusula de conciliação, que define as formas e os procedimentos para a resolução de litígios, caso estes surjam. Se este procedimento for aplicado, a legislação prevê igualmente a possibilidade de tornar o acordo alcançado executório a pedido de uma das partes (artigos 1441º-14º do Código Nacional de Processo Civil da República Francesa). As partes podem também, se o desejarem, dirigir-se a um notário, que declarará o seu acordo e lhe dará as características de um ato notarial.

Procedimentos de conciliação institucionalizados. [40]Trata-se de uma forma de

---

39 Nosyreva E.I. Alternative dispute resolution in the USA - M., OJSC "Publishing House "Gorodets", 2005.
C 40
40 Joly-Hurard, Julie. "Capítulo preliminar. Conciliação e mediação judicial, formas de conciliação". Conciliação e

conciliação extrajudicial através da qual uma terceira pessoa (singular ou colectiva), com a formação necessária para a resolução pacífica de conflitos, é mandatada pelas partes ou pela lei para comparar os seus pontos de vista, a fim de chegar a uma solução mutuamente aceitável para o conflito, em conformidade com as regras que organizam esta atividade.

Esta categoria deve-se à existência atual de várias organizações e centros (centros de arbitragem, por exemplo) que oferecem serviços de conciliação. No estrangeiro e na Federação Russa, por exemplo, existem dezenas de organizações e centros deste tipo em diferentes regiões. Ao comprometerem-se com os serviços destas organizações, as partes assumem, regra geral, a obrigação de obedecer às regras de ordem interna inicialmente estabelecidas, sem o direito de as alterar. Na sua existência e funcionamento, estas organizações não têm qualquer ligação com o sistema judicial. Por conseguinte, a falta de êxito das tentativas de resolução de conflitos no seu seio não pode afetar o direito das partes de recorrerem ao tribunal para a proteção dos seus direitos e interesses violados. Em especial, o fracasso deste processo de conciliação não pode conduzir automaticamente à apreciação do caso quanto ao mérito.

Para além dos centros e organizações especiais de conciliação, são realizados procedimentos institucionais de conciliação em algumas indústrias e empresas que pretendem evitar o recurso a um tribunal estatal para resolver litígios que surgem ou podem surgir entre elas e os seus parceiros.

2. *Procedimentos de conciliação pública.* Procedimentos de resolução pacífica de litígios aplicados no âmbito de um processo civil. A expressão "procedimentos públicos" de conciliação deve ser entendida como os meios que são utilizados para resolver conflitos no âmbito do tribunal, ou seja, sobre um litígio já submetido ao tribunal e no decurso de um processo civil. A conciliação pública é também conhecida como "conciliação judicial". Contrariamente à conciliação privada, a conciliação pública é efectuada na plena dependência do sistema judicial tradicional e implica uma

mediação judicial. Por Joly-Hurard. Aix-en-Provence : Presses universitaires d'Aix-Marseille, 2003. (pp. 29-82) Web. <http://books.openedition.org/puam/686>

certa participação do juiz.

Assim, é possível identificar duas características principais dos procedimentos de conciliação judicial: por um lado, são efectuados *no âmbito de um processo judicial (civil) e, por outro,* são *conduzidos sob a égide de um juiz.* Esta exigência torna necessário definir os critérios de existência de um processo judicial, o que, por sua vez, permite determinar o carácter judicial de certos processos de conciliação. Com efeito, se a questão da existência de um processo judicial quando o processo é apresentado a um juiz para apreciação do mérito não suscita dúvidas, a situação pode ser bem diferente quando o processo de conciliação é efectuado no âmbito de um processo de reclamação ou à margem de um processo adiado ou suspenso, nos casos previstos na lei. Nestes casos, o processo de conciliação pode ser considerado judicial.

[41]Na literatura jurídica, o processo civil (processo civil) é definido como "regulado pelas normas do direito processual civil, a atividade do tribunal e de outros participantes no processo para resolver casos civis, verificar a legalidade das decisões judiciais e a execução das decisões judiciais". Aparentemente, o início do processo judicial está associado à apresentação de uma ação judicial ao tribunal. No entanto, a apresentação de uma ação em tribunal para a proteção de direitos e interesses legítimos concretiza-se com o início do processo civil. Por conseguinte, é o processo de conciliação conduzido no intervalo deste período (desde o momento da instauração do processo até à execução da sentença) que pode ser considerado judicial. A este respeito, afigura-se que o procedimento de conciliação efectuado em conformidade com os requisitos da lei pode ser considerado judicial, se for realizado dentro do período de tempo especificado.

Além disso, como já foi referido no parágrafo anterior, a legislação de muitos países prevê a possibilidade de adiar ou suspender o processo, a fim de dar às partes a oportunidade de recorrerem ao conciliador. Dado que o resultado do processo de conciliação tem um impacto sobre o destino do tribunal (cessação se a conciliação for bem sucedida e renovação ou continuação se não for), parece que o adiamento ou a

---

41 V. A. Baranova, Civil Process/// textbook for academic bachelor. vol. 1. Moscovo, Yurait. 2015 c.26

suspensão do processo não retira ao processo de conciliação conduzido durante o período de adiamento ou suspensão o seu carácter judicial. De facto, o adiamento ou a suspensão de uma instância judicial não equivale à sua extinção.

Além disso, há situações em que as partes, paralelamente aos processos judiciais em que continuam a intervir, conduzem negociações ou outros processos de conciliação sem informar o juiz. Se daí resultar uma conciliação, esse procedimento não pode ser considerado judicial, pois não existe qualquer relação jurídica com o sistema judicial. No futuro, podem exercer certas actividades processuais: a rejeição do pedido por parte do requerente ou o reconhecimento do pedido por parte do requerido, o que conduz à extinção do processo. Parece que este procedimento tem elementos de um procedimento de conciliação privado, uma vez que a iniciativa, o procedimento e a sua conclusão escapam a qualquer controlo do tribunal.

[42]Para além da conexão jurídica, uma condição necessária para que um processo de conciliação se torne judicial é o facto de ser *conduzido sob os auspícios do juiz no* cumprimento da sua missão de conciliação das partes. Independentemente da forma de intervenção do juiz na conciliação das partes (participação ativa na procura de uma solução amigável ou exercício de controlo sobre um terceiro conciliador), esta intervenção do juiz constitui sempre um instrumento para a realização da sua função conciliadora.

Para além dos procedimentos de conciliação privados e públicos, existem também procedimentos de conciliação que contêm elementos dos procedimentos de conciliação privados e públicos. Na literatura jurídica estrangeira, estes procedimentos são designados por *"conciliation para-judiciaire" (francês: "conciliation para-judiciaire", literalmente "conciliação para-judicial").* A principal caraterística destes procedimentos é o facto de, embora sejam conduzidos por terceiros independentes e fora de qualquer tribunal, manterem, no entanto, uma ligação mais estreita com o juiz. Esta ligação pode, por exemplo, manifestar-se no procedimento de designação do

42 Joly-Hurard, J. 2003. Capítulo preliminar. Conciliação e mediação judicial, formas de conciliação. In Conciliação e mediação judicial. Imprensa universitária de Aix-Marseille. doi :10.4000/books.puam.686

conciliador, nos mecanismos de organização do próprio procedimento ou na possibilidade de recorrer a um juiz. Além disso, outro elemento que caracteriza um procedimento de conciliação para-judicial e o aproxima de um procedimento privado é a sua autonomia em relação a qualquer processo judicial. [43]Estes procedimentos incluem os procedimentos de conciliação institucionais, que decorrem de uma lei ou de decretos. Em França, por exemplo, existe a Lei n.º 84-148, de 1 de março de 1984, relativa à resolução de litígios relacionados com as dificuldades das empresas e a Lei n.º 89-1010, de 31 de dezembro de 1990, que estabelece um procedimento de resolução pacífica de litígios relativos a pessoas insolventes.

Embora a existência e o desenrolar do procedimento tenham uma estreita ligação com o sistema judicial, este deve ser conduzido fora dos processos judiciais, de modo a que o seu fracasso ou sucesso não afecte o curso normal do processo. Em regra, após o insucesso deste processo de conciliação, as partes mantêm o direito de recorrer ao tribunal para apreciar o mérito da causa. Este procedimento tem a vantagem de definir uma nova forma de conciliação que não pertence a uma das duas formas tradicionais de conciliação.

Assim, a conciliação para-judicial é uma forma de conciliação que envolve uma terceira pessoa neutra e que se desenrola fora dos processos judiciais, mas em estreita ligação com o sistema judicial. A intervenção do juiz não diz diretamente respeito ao processo em si, mas à sua organização. A intervenção do tribunal é geralmente efectuada a pedido das partes ou do organismo de conciliação.

Na literatura jurídica existem diferentes critérios de classificação dos procedimentos de conciliação. É interessante a opinião de Kolyasnikova Y.S., que como base para a divisão dos procedimentos de conciliação coloca as fases de possível resolução de conflitos, nas quais as partes recorrem a um determinado procedimento. [44]A este respeito, a autora distingue cinco grupos de procedimentos de conciliação: pré-

43 Joly-Hurard, J. 2003. Capítulo preliminar. Conciliação e mediação judicial, formas de conciliação. In Conciliação e mediação judicial. Imprensa universitária de Aix-Marseille. doi :10.4000/books.puam.686
44 KOLYASNIKOVA Y. S. Procedimentos de conciliação no processo de arbitragem / Resumo de Cand.jurid.nauk. Ekaterinburg, 2009 P 18

julgamento; extrajudicial; judicial; pós-julgamento; e procedimentos de conciliação aplicados em processos de execução.

1.	*Procedimentos de conciliação pré-julgamento.* São utilizados pelas partes apenas antes de recorrerem a um tribunal estatal para a proteção dos seus direitos e interesses e são independentes do sistema judicial estatal.

2.	*Procedimentos extrajudiciais de conciliação.* Estes procedimentos são utilizados depois de se recorrer ao tribunal, mas com o objetivo de resolver o litígio de forma amigável sem uma decisão judicial e requerem acções processuais por parte do tribunal, como a suspensão do processo.

3.	*Procedimentos de conciliação judicial.* Estes procedimentos são utilizados após o recurso ao tribunal e antes de ser proferida uma sentença, sendo o terceiro que facilita a reconciliação das partes o tribunal.

4.	*Procedimentos de conciliação pós-judiciais.* Os procedimentos de resolução de litígios deste grupo são efectivos depois de o litígio ter sido apreciado em tribunal e de ter sido emitido um mandado de execução, mas antes de ter sido iniciado o processo de execução.

5.	*Procedimentos de conciliação utilizados nos processos de execução.* Através destes procedimentos, por exemplo, um acordo de transação, as partes podem chegar a acordo sobre a ordem e as condições de execução de um ato judicial.

É possível concordar com a autora, mas deve notar-se que alguns pontos da classificação que propõe são controversos. Em especial, no que se refere aos procedimentos extrajudiciais de conciliação, a autora observa que estes se distinguem dos procedimentos cautelares na medida em que o procedimento para a eles recorrer exige determinados actos processuais do tribunal (declaração de interrupção da sessão, adiamento do julgamento, suspensão do processo).

No entanto, como já foi referido, o adiamento ou a suspensão do processo num caso não põe termo à instância judicial, que continua a existir. Por outras palavras, a realização da conciliação durante o julgamento adiado não significa que o processo seja conduzido fora do julgamento por várias razões: em primeiro lugar, o julgamento continua a existir e o processo é conduzido dentro dele. Em segundo lugar, mesmo quando o referido processo é conduzido por um terceiro, continua a estar estreitamente ligado ao sistema judicial e está sujeito a certas normas peremptórias. Por exemplo, o período máximo de tempo para os referidos procedimentos e o estatuto do terceiro são determinados por lei. Assim, não nos parece razoável considerar como extrajudicial o procedimento efectuado durante o processo judicial adiado ou suspenso. Na nossa opinião, este procedimento preenche todas as condições de um procedimento de conciliação judicial.

[45]Além disso, como M.S. Nakhov observa corretamente, "os procedimentos judiciais, bem como os procedimentos extrajudiciais, são perfeitamente admissíveis após pedido ao tribunal" e, em ambos os casos, os procedimentos exigem determinadas acções processuais por parte do tribunal". Isto permite-nos concluir que os procedimentos de conciliação extrajudicial, tal como definidos por Kolyasnikova Y.S., coincidem com os procedimentos de conciliação judicial.

Além disso, considera-se que a categoria dos procedimentos de conciliação extrajudicial deve abranger todos os procedimentos de conciliação efectuados antes da apresentação de uma ação judicial ao tribunal, bem como após a decisão judicial. Por outras palavras, os procedimentos de conciliação pós-judiciais e os procedimentos de conciliação judicial realizados no âmbito de processos de execução devem constituir a categoria dos "procedimentos de conciliação extrajudiciais". Em regra, os procedimentos de conciliação acima referidos não dependem do sistema judicial do Estado e não exigem determinadas acções processuais por parte do tribunal.

[46]De acordo com T.V. Chernishova, podem distinguir-se as seguintes classificações de procedimentos de conciliação: procedimentos de conciliação pré-julgamento (extrajudicial); procedimentos de conciliação judicial; procedimentos de conciliação

---

45 Nakhov M. S. A mediação como mecanismo de realização do objetivo do processo civil / Cand.jurid.nauk. Saratov, 2014 P. 94-95
46 Chernyshova T.V. The concept and types of reconciliation in Russian law// Journal of Russian Law. 2010. № 12. "Consultor SPS Plus".

universal .

- *Os procedimentos de conciliação pré-judicial (extrajudicial)* são métodos utilizados pelos participantes numa relação jurídica litigiosa para resolver as diferenças existentes entre eles, antes de recorrerem ao tribunal. Na opinião do autor, para a aplicação destes métodos, não se pressupõe a participação do tribunal e o papel ativo é atribuído às próprias partes em litígio. O papel do tribunal pode consistir apenas em registar e verificar o facto de ter cometido os procedimentos ao aceitar a declaração de reivindicação, se o contrato ou a lei previr uma reivindicação obrigatória ou outro procedimento de resolução de litígios antes do julgamento.

- *Os procedimentos de conciliação judicial são* utilizados pelos participantes num processo civil para resolver "pacificamente" um litígio diretamente em tribunal. O facto de os procedimentos de conciliação judicial serem aplicados em tribunal explica a razão pela qual são realizados sob o controlo do tribunal ou com a sua participação direta. Além disso, "em certos casos, têm efeitos jurídicos vinculativos, uma vez que o tribunal pode conferir ao processo de conciliação, formalizado sob a forma prevista na lei, um carácter vinculativo".

- *Os procedimentos universais de conciliação são* utilizados pelas partes em conflitos jurídicos para resolver os litígios que surgiram entre elas, ao longo da sua dinâmica (antes de apresentarem uma ação em tribunal ou mesmo depois, ou seja, no âmbito de um processo civil). O autor considera como tal o acordo amigável, a mediação e a negociação.

De acordo com o critério de participação de um terceiro, é possível distinguir os processos de conciliação que são conduzidos pelas próprias partes sem a participação de um terceiro e os processos de conciliação em que participa um terceiro. Os procedimentos de conciliação do primeiro grupo incluem as negociações (um método de resolução pacífica de litígios conduzido pelas próprias partes, através da coordenação dos seus interesses, a fim de alcançar uma solução mutuamente aceitável para o litígio). Estes procedimentos são conhecidos na legislação de praticamente todos os Estados. [47]De facto, as negociações constituem a base de todos os outros procedimentos de conciliação, que são apenas as suas "variações, complicações e melhorias".

A mediação, a conciliação e o acordo amigável podem ser designados como procedimentos de conciliação efectuados com a participação de um terceiro. O terceiro envolvido nos procedimentos de conciliação não é parte no litígio, pois só as partes o são. O seu papel consiste em organizar as negociações entre as partes, a fim de criar condições favoráveis à conclusão de um acordo amigável. Apesar de o terceiro poder ser autorizado a tomar uma decisão em certos casos, esta não é vinculativa para as partes enquanto estas não derem o seu acordo.

Parece que os processos de conciliação podem ser classificados em função da iniciativa de quem os inicia. De acordo com este critério, podemos distinguir os processos de conciliação iniciados pelo tribunal e os processos de conciliação iniciados pelas próprias partes.

As leis de muitos Estados prevêem ambas as opções para iniciar a conciliação. A opção mais comum é a da conciliação iniciada pelas partes. De facto, todos os procedimentos de conciliação se baseiam no princípio da voluntariedade, que se manifesta geralmente no início da conciliação. No entanto, as legislações de alguns países derrogam esta regra e prevêem a possibilidade de iniciar o processo de conciliação por outras pessoas, nomeadamente o juiz.

Em Inglaterra, por exemplo, um juiz tem o poder de recomendar que as partes recorram subitamente à mediação, o que dá origem a um "dever de considerar a mediação". Podem ser impostas sanções à parte que não cumpra esta obrigação. Em França, a legislação processual prevê a possibilidade de conciliação das partes por sua própria iniciativa ou por iniciativa do tribunal em todas as fases do processo civil (artigo 128.º do NGPC FR). Esta variante do procedimento de conciliação é igualmente conhecida na legislação belga. Tendo em conta a legislação atual, é de notar que a Federação

---

47 Davydenko D.L. A mediação como procedimento de conciliação em litígios comerciais: essência, princípios, aplicabilidade / D.L. Davydenko // Economia e Direito. - M., 2005. - № 5. - C. 123

Russa se caracteriza apenas por procedimentos de conciliação conduzidos exclusivamente por iniciativa das partes.

[48]Dependendo do grau de envolvimento do tribunal e da sua autoridade, todos os procedimentos de conciliação em processos civis podem ser divididos em procedimentos de conciliação com um sistema de conciliação clássico; procedimentos de conciliação com um papel mediador do juiz; conciliação judicial alternativa; procedimentos de conciliação com controlo judicial subsequente .

Os procedimentos de conciliação com um sistema de conciliação clássico implicam uma participação mínima do tribunal. O seu papel é o seguinte: explicar às partes os seus direitos de celebrar um acordo de resolução de litígios e as consequências do seu exercício; criar condições favoráveis para que as partes cheguem a um acordo mutuamente aceitável; controlar a conformidade da decisão alcançada com a lei; formalizar o acordo alcançado; e ajudar a fazer cumprir o acordo de resolução de litígios no caso de uma das partes se recusar a executá-lo voluntariamente. Este tipo de conciliação é típico na maioria dos Estados (incluindo a Rússia) e está consagrado na legislação processual. Por exemplo, o Código de Processo Civil da Federação Russa estabelece a obrigação de o juiz facilitar a conciliação das partes e a possibilidade de as partes celebrarem um acordo amigável em todas as fases do processo civil (artigo 148.º, parte 5, artigo 150.º do Código de Processo Civil da Federação Russa). [49]Esta variante do processo de conciliação está em vigor na República da Bielorrússia (artigo 285.º do CPC), na Polónia (artigo 223.º do CPC), em França (artigos 127.º a 129.º do NGPC) e noutros países.

Os procedimentos de conciliação com um papel de mediação do juiz implicam a participação ativa do juiz que aceitou o caso para apreciação. Nestes procedimentos, o juiz actua como conciliador, mantendo o direito de julgar o litígio quanto ao fundo se as partes não chegarem a um resultado favorável. Na Bélgica, por exemplo, o direito

---

48 ZDROK O.N. Procedimentos de conciliação em processos civis: conceito, classificação, tendências de desenvolvimento (no exemplo da República da Bielorrússia)/ "Vestnik Civil Process", 2010, № 1 "SPS Consultant Plus"
49 Zdrok. O.N. Procedimentos de conciliação em processos civis: conceito, classificação, tendências de desenvolvimento (com base no exemplo da República da Bielorrússia)/ "Vestnik of Civil Procedure", 2010, n.º 1 "Consultant Plus".

processual prevê que a conciliação seja tentada pelo juiz que aprecia o caso quanto ao fundo se o procedimento de conciliação não for bem sucedido (artigo 1344.º). Este tipo de procedimento de conciliação é igualmente aplicado na China, no Vietname e nos Países Baixos.

Um inconveniente deste procedimento de conciliação pode ser o facto de combinar os poderes de juiz e de conciliador numa só pessoa. Este facto pode comprometer o princípio de confidencialidade que caracteriza a conciliação. [50]Além disso, nalguns casos, "os juízes, equilibrando as suas funções judiciais e de mediação, utilizam frequentemente de forma ativa a ameaça de julgamento nas negociações".

É por isso que, atualmente, se está a generalizar uma variante do procedimento de conciliação com o papel de mediador do tribunal, em que o juiz que desempenha o papel de mediador perde o direito de apreciar o caso quanto ao mérito em caso de insucesso do procedimento. [51]Esta experiência é igualmente conhecida na legislação do Canadá e da Noruega, onde, a fim de garantir o princípio da confidencialidade, se estipula que, se o processo de conciliação conduzido pelo juiz não for bem sucedido, o processo é transferido para outro juiz para ser apreciado no âmbito do processo judicial ordinário.

[52]*A conciliação judicial alternativa* é um procedimento de resolução de litígios que consiste em separar as funções do tribunal de julgamento da causa e de conciliação das partes. Esta variante da conciliação implica que o tribunal, para além da função tradicional de administração da justiça, exerça também uma função de mediação num tipo de processo distinto. Este tipo de procedimento de conciliação pode incluir este tipo de conciliação, que é conhecido pela legislação francesa e consiste na possibilidade de as partes apresentarem ao tribunal um pedido de tentativa preliminar de conciliação (artigo 830.º do NGPC FR). A este respeito, o juiz é obrigado a conduzir o processo de conciliação, quer ele próprio, quer delegando esta missão a outra pessoa.

---

50 Ver ibid.
51 JEAN A. MIRIMANOFF. Mort ou renaissance de la conciliation judiciaire en suisse. RDS, I, n.º 5, 2004, p. 554-555.
52 Zdrok. O.N. Procedimentos de conciliação em processos civis: conceito, classificação, tendências de desenvolvimento (com base no exemplo da República da Bielorrússia)/ "Vestnik of Civil Procedure", 2010, n.º 1 "Consultant Plus".

Este processo de conciliação desenrola-se no âmbito de um tipo de processo autónomo em que as partes devem comparecer pessoalmente. Este processo de conciliação é um tipo de processo judicial autónomo, que consiste em convocar a parte contrária para a conciliação através do tribunal.

Nos termos dos artigos 184º a 186º do Código de Processo Civil polaco, o tribunal é obrigado a procurar a conciliação mesmo antes do início do processo. Para este efeito, o tribunal pode conduzir um processo de conciliação antes do início do processo relativo ao pedido da parte interessada. O pedido de abertura de um processo de conciliação é apresentado, sem ter em conta as regras de competência em razão da matéria, ao tribunal de comarca do local de residência da parte contrária. O processo de conciliação é conduzido apenas por um juiz numa audiência, cujo desenrolar e resultados são registados em ata. [53]O acordo amigável, se for concluído, é assinado pelas partes e anexado aos autos.

Os procedimentos de conciliação com controlo judicial subsequente são procedimentos de resolução de litígios levados a cabo por um terceiro cujas actividades permanecem sob o controlo total do tribunal. Em França, a lei prevê a possibilidade de o tribunal delegar a missão de conciliação num terceiro (art. 192-2 do Código de Processo Civil da França). Para este efeito, o juiz nomeia um conciliador judicial e fixa o prazo do procedimento. O conciliador deve informar o juiz de todas as dificuldades que encontra no exercício da sua função de conciliação, bem como do sucesso ou do fracasso da conciliação. O juiz pode pôr termo ao processo de conciliação em qualquer altura, a pedido de uma das partes ou por iniciativa do conciliador. Pode também pôr automaticamente termo ao processo de conciliação se, na sua opinião, o seu resultado positivo estiver comprometido (artigo 129.º-5 do Código de Processo Civil).

Em função da obrigatoriedade de aplicação dos procedimentos, é possível distinguir os procedimentos de conciliação obrigatórios e voluntários. Os procedimentos de

---

53 Zdrok. O.N. Procedimentos de conciliação em processos civis: conceito, classificação, tendências de desenvolvimento (com base no exemplo da República da Bielorrússia)/ "Vestnik of Civil Procedure", 2010, n.º 1 "Consultant Plus".

conciliação *obrigatórios* devem ser entendidos como procedimentos de resolução pacífica de litígios, sem cuja realização prévia a pretensão da parte interessada perante o tribunal não é aceite. Este procedimento existe na Argentina, onde a Lei argentina de 25 de outubro de 1995 sobre a mediação e o acordo torna obrigatória a mediação judicial para a maior parte dos litígios. O processo de mediação é conduzido com a presença obrigatória das partes. A parte que não compareça pode ser sancionada com uma coima. O acordo alcançado no processo de mediação é assinado pelo mediador, pelas partes e pelos seus advogados e é executado em tribunal sob a forma de sentença judicial. Se não for possível chegar a um acordo amigável, as partes recebem um documento que as autoriza a apresentar o pedido ao tribunal para apreciação do mérito da causa (artigos 12.º e 14.º).

Com base no princípio da voluntariedade que caracteriza todos os procedimentos de conciliação, pode dizer-se que todos os procedimentos de conciliação são geralmente facultativos. A este respeito, os procedimentos de conciliação obrigatórios constituem uma espécie de exceção.

Consoante o número de partes envolvidas, os procedimentos de conciliação podem ser *bilaterais* ou *multilaterais*.

De acordo com a natureza dos participantes, os procedimentos de conciliação podem ser divididos em procedimentos de conciliação entre pessoas singulares ou colectivas e procedimentos de conciliação com a participação de organismos estatais e municipais.

Consoante a instância em que o litígio é apreciado: procedimentos de conciliação aplicados durante a audiência de julgamento e procedimentos de conciliação aplicados durante a audiência de recurso.

A participação de um terceiro pode igualmente constituir um critério de classificação dos procedimentos de conciliação. Neste caso, é possível distinguir entre os processos de conciliação conduzidos pelas próprias partes sem a participação de um terceiro e os processos de conciliação em que intervém um terceiro neutro. Os procedimentos de conciliação do primeiro grupo incluem a negociação e a resolução amigável. A mediação e a conciliação são exemplos de processos de conciliação em que participa um terceiro.

Os procedimentos de conciliação podem também ser classificados de acordo com o estatuto da entidade que os efectua. De acordo com este critério, é possível distinguir entre procedimentos de conciliação conduzidos pelas próprias partes, procedimentos de conciliação conduzidos por um juiz e procedimentos de conciliação conduzidos por um mediador ou conciliador. Os procedimentos de conciliação são geralmente efectuados pelas próprias partes, uma vez que são elas que têm o primeiro interesse na resolução do litígio. Por conseguinte, os procedimentos de conciliação podem ser efectuados por elas próprias. A intervenção de um terceiro destina-se a fazer face à tensão emocional a que as partes estão sujeitas no início do litígio, o que dificulta a sua cooperação na resolução do litígio.

Assim, um juiz pode atuar como um terceiro facilitador da conciliação. Este tipo de procedimento de conciliação é conhecido no estrangeiro, por exemplo, em França, no Canadá, na China, na Suíça, nos EUA e noutros países onde é aplicado o procedimento de conciliação (conciliation). A legislação e a prática russas estão familiarizadas com os procedimentos de conciliação com a participação de um mediador, cujo estatuto é definido pela lei federal.

I want morebooks!

Buy your books fast and straightforward online - at one of world's fastest growing online book stores! Environmentally sound due to Print-on-Demand technologies.

Buy your books online at
www.morebooks.shop

Compre os seus livros mais rápido e diretamente na internet, em uma das livrarias on-line com o maior crescimento no mundo! Produção que protege o meio ambiente através das tecnologias de impressão sob demanda.

Compre os seus livros on-line em
www.morebooks.shop

Printed by Books on Demand GmbH, Norderstedt / Germany